墨香财经学术文库

新兴产业中股东社会网络对创新绩效的影响研究

Research on the Influence of Shareholder Social Network on Innovation Performance in Emerging Industries

万从颖 著

东北财经大学出版社
Dongbei University of Finance & Economics Press
大连

图书在版编目（CIP）数据

新兴产业中股东社会网络对创新绩效的影响研究 / 万丛颖著. —大连 : 东北财经大学出版社，2024.5

（墨香财经学术文库）

ISBN 978-7-5654-4984-0

Ⅰ.新… Ⅱ.万… Ⅲ.新兴产业-企业绩效-研究 Ⅳ.F272.5

中国国家版本馆CIP数据核字（2024）第080854号

东北财经大学出版社出版发行

大连市黑石礁尖山街217号 邮政编码 116025

网 址：http://www.dufep.cn

读者信箱：dufep@dufe.edu.cn

大连图腾彩色印刷有限公司印刷

幅面尺寸：170mm×240mm 字数：182千字 印张：12.75 插页：1

2024年5月第1版 2024年5月第1次印刷

责任编辑：李 彬 王兆勇 责任校对：石建华

封面设计：原 皓 版式设计：原 皓

定价：69.00元

教学支持 售后服务 联系电话：（0411）84710309

如有印装质量问题，请联系营销部：（0411）84710711

前言

自2010年10月国务院发布《国务院关于加快培育和发展战略性新兴产业的决定》以来，我国的战略性新兴产业进入快速发展期，一方面产业规模实现迅速扩张；另一方面整体比重也在持续增加。新兴产业的发展壮大，从根本上来说，更多应当得益于重大的技术创新和技术突破，即需要对产业进行原创式和突破式的创新。但从目前我国新兴产业的发展现状和趋势来看，产业创新仍旧主要依靠外部技术的消化、吸收和再创新，与原始创新仍有较大差距。产业扶持政策也同样延续了传统产业的扶持模式，鼓励跟踪模仿、加工制造、数量扩张等短期行为，导致缺乏自主知识产权和核心技术，产业发展处于低端锁定和重复建设状态，陷入无序竞争的困境。“聚集而不集聚”“千园齐平”“先富余后发展”的现象普遍存在。

采用企业网络以强化组织间的协同创新，是推动新兴产业实现重大技术创新和技术突破的有效方法之一。非正式的人际关系在中国社会交往中占据重要地位，这种人际关系所形成的跨组织网络，已成为企业提升竞争优势的关键路径。随着网络理论的不断深化，学者们对网络在推动产业创新中的作用进行了深入研究，并运用社会网络分析方法准确描述了网络特征，从结构维度和关系维度两个层面探讨了企业网络对绩效的影响。研究结果显示，企业网络能够有效推动产业的快速发展。鉴于新兴产业面临的时间压力较大、创新成本和风险均较高，多数企业难以独自承担原始创新的重任，因此，通过占据优势网络位置、建立重要社会关系等方式获取有价值的信息、稀缺资源和发展机遇等需求变得更为迫切。相较于传统产业中的企业，新兴产业中的企业更倾向于利用网络强化其创新能力。

股东关系网络是指通过“拥有共同的普通股股东”的非正式关系联系起来的一种企业间的社会网络。当股东同时持有两个或两个以上企业的股份时，企业成长周期的各阶段所需的资源可以通过普通股股东在企业间进行流转。事实上，许多学者对各类正式或非正式的企业网络进行了大量的研究，包括通过共同董事构建的企业间连锁董事网络、通过企业高级管理人员政治背景构建的政治关系网络，以及通过供应链、研发、外包等方式构建的各种企业业务网络或战略联盟，然而对基于股东关系构建的股东联结网络却缺乏系统的研究。

新兴产业的产业特征较为特殊，其中最活跃、渗透最广、最具影响力的新兴产业以新一代信息技术产业为代表，其企业间网络在新兴产业中更具普遍性和典型性。近年来，随着“两化深度融合”“中国制造2025”“互联网+”等一系列国家层面的战略和理念的提出，新一代信息技术产业迎来了重大发展机遇，其在新一轮产业革命中的地位和作用日益凸显，为进一步研究股东联结提供了一个难得的研究和实证的样本。

综上，本书首先从我国战略性新兴产业的发展环境与未来趋势入手，基于新兴产业成长的基础理论和发展现状，以我国新兴产业中新一代信息技术产业的股东联结网络为研究对象，从社会资本角度分析新兴产业中的企业股东应如何占据优势网络位置或建立重要社会关系，获取有价值的信息、发展机遇、稀缺资源等社会资本，以提高新兴产业的创新能力及核心竞争力；其次基于实证研究的结论采取多案例分析方法，对网络视角下的新兴产业创新路径选择进行分析；最后以提高新兴产业的创新能力及核心竞争力为目标，针对社会网络背景下战略性新兴产业的发展提出政策建议。通过深入分析我国战略性新兴产业的创新网络构建、路径选择及其适应性，本书精确描绘了创新网络的结构和关系特性，进而使得对创新路径适用性的分析具备可行性，不仅能够丰富现有的产业分析视角，还有助于对创新路径的选择及其形成机理的分析与阐释。

采用创新网络进行产业创新已经成为当前学者们的关注焦点。对于战略性新兴产业来说，市场风险较大、研发投入较高，因此更倾向于采用创新网络或战略联盟的方式进行创新。然而以往的网络化研究仅仅提出相关的理论模型，且大多基于价值网络进行分析，很难对其网络特征进行刻画。本书为新兴产业创新研究提供了全新的研究视角，为企业实践提供了创新的思路和方法，同时也为政府制定相关政策提供了重要的参考依据。

在当前转型经济的背景下，如何提升我国新兴产业的创新能力、解决新兴产业发展中的难题具有重大的现实意义和应用价值。本书在这方面的研究也仅仅是一次努力的尝试，很多不足之处欢迎同仁们批评指正，以便我们在未来的研究中不断完善和提高。

作　者

2024年1月

目录

1 我国新兴产业发展环境与未来趋势

党的二十大报告中指出，要“推动战略性新兴产业融合集群发展，构建新一代信息技术、人工智能、生物技术、新能源、新材料、高端装备、绿色环保等一批新的增长引擎”。这无疑为深入推进战略性新兴产业跨越发展提供了强大的理论指导和重要遵循。纵观世界工业化发展历程，每一次重大的科技革命都伴随着新兴产业的发展，这些产业通常基于前沿的技术发明和创新，并能够引领经济增长和工业升级。例如，19世纪的蒸汽机和铁路、20世纪的汽车和电子技术，以及21世纪初的互联网和移动通信等，都是推动当时经济社会发展的重要力量。

2008年金融危机后，全球经济秩序面临重塑，新一轮科技革命和产业变革拉开序幕。世界主要国家竞相培育以新能源、新材料、节能环保等为代表的新兴产业，抢占科技革命的制高点。对此，我国也顺应国际环境和竞争格局的新动向，结合自身优势和特点，提出大力培育和发展战略性新兴产业，努力带动我国产业结构实现升级转型，推动经济社会可持续发展。[①]本章从分析国际产业格局和竞争格局新动态入手，剖析战略性新兴产业概念内涵，归纳战略性新兴产业的一般特征，总结新兴产业的发展及成长规律，实现对战略性新兴产业的基础概念、基本特征、成长规律的宏观把握。

1.1 国际产业格局转变下的新兴产业发展

1.1.1 国际产业格局与竞争格局的新动态

在经济全球化进程中，各国之间的经济联系日益紧密，任何一国的经济社会发展均不可避免地受到全球经济格局和产业分工结构的影响。在这一过程中，关于发达国家与发展中国家之间的相对地位及相互关系的探讨，形成了两种主要的观点："依附理论"与"依附发展论"。其中，"依附理论"[②]主张，国际经济体系主要由两部分构成：一是以少数发达国家为核心的国际经济体系中心；二是以广大后发国家为主体的外围地带。在这两个部分之间，存在着明显的不平等经济关系。在由中心国家主导的国际产业分工中，外围国家往往处于被动、依附的地位，经济剩余通过这一"依附链条"从外围国家流向中心国家，这无疑加剧了发展中国家的贫困与落后。

然而世界经济发展实践表明，这种全球化进程中产生的"依附链条"并非不可打破和不可逾越的。一批积极参与全球化分工的新兴市场经济国家获得了产业竞争力并迅速提升，由此也推动了"依附发展论"[③]的产生。发达国家为了获得全球性资源优势和实现全球竞争战略往往将产业价值链上的低端产业向海外低成本国家转移，集中实力发展

① 2010年9月8日，在时任国务院总理温家宝主持召开的国务院常务会议中，审议并原则上通过了《国务院关于加快培育和发展战略性新兴产业的决定》。会议指出，加快培育和发展以重大技术突破、重大发展需求为基础的战略性新兴产业，对于推进产业结构升级和经济发展方式转变，提升我国自主发展能力和国际竞争力，促进经济社会可持续发展，具有重要意义。

② "依附理论"是关注发展中国家的现代化理论，其演变可以分为三个主要时期，即20世纪50年代、60年代、70年代以来，以巴兰、弗兰克、沃勒斯坦等人为代表。该理论主要对第二次世界大战后不平等的国际经济格局进行批评，并指出发展中国家走向现代化的道路。

③ 该理论认为"依附发展"既包括资本的积累，也蕴含着外围国家一定程度的工业化（Fernando Cardoso and Enzo Faletto，1979）。

处于产业价值链上的高端产业。而不发达国家在获得转移和外包过来的制造业和服务业的同时，也在一定程度上促进了国家的产业升级。随着新兴市场国家技术创新水平的提升，这些国家已不仅仅满足于劳动密集型、低附加值产品的生产，而是逐步寻求在国际产业分工中的主动权，提升自身在全球产业链中的地位，对发达国家的产业主导地位形成挑战，并改变着国际产业和竞争格局。

当发展中国家通过“依附发展”达到产业结构的较高层次时，发达国家就会采取限制核心技术出口、利用品牌优势等措施抑制发展中国家的产业结构升级，继续占据价值链的顶端位置，以维持其在世界经济格局中的统治地位。在发达国家的强势主导下，一些发展中国家只能被迫放弃优势产业基础、违背经济成长阶段特点，被动地迎合发达国家产业结构的调整。目前，虽然多数发展中国家已经在一定程度上降低了对国际产业分工低端初级产品生产的依赖，但是由于核心技术缺乏，通过加工贸易出口的方式参与国际分工，仍无法摆脱国际价值链的边缘地位。

我国以低价格资源投入、发挥劳动力成本比较优势成为世界制造工厂，但同时也面临着越来越高的转变增长方式的压力。原材料和劳动成本不断攀升、民工荒、融资成本不断提高、贸易保护主义势力的抬头都使得我国制造业竞争优势逐渐削减。另外，发展中国家过度依附以发达国家为中心的产业格局，并不具有风险抵御能力，反而会由于国家间紧密的经济贸易关系而容易产生连带效应。

2008年的金融危机就足以证明这一点。这次金融危机给世界经济发展带来巨大冲击，发达国家遭受了严重损失，使得这些国家开始重新思考当前的产业格局以及制造业在经济发展中的基础地位。对于发展中国家来说，一方面金融危机的负面影响直接导致其经济增长的下滑；另一方面也展现出发达国家和发展中国家特别是新兴经济体之间力量对比的重大变化。以中国为代表的新兴经济体在全球经济格局中得到了更多的话语权，这加强了我国在整个经济全球化中的参与力度，提高了信心。

但同时也应当冷静地注意到国际产业格局并未因金融危机而得到根本性的改变，关键技术、核心竞争力仍掌握在发达国家手中，发展中国家仍面临着产业升级过程中的诸多问题。然而金融危机的发生预示着新一轮技术革命的到来以及新兴经济增长点的出现，这就为发展中国家赶超发达国家提供了机遇。新一轮技术革命所带来的发展机遇是平等的，发展中国家由“依附发展”模式向“自主发展”模式努力转变的方向和目标是不变的。因此，我国要在经济全球化进程中通过科学的发展模式和产业结构布局提升在国际分工体系中的地位，掌握发展主动权并获得竞争力，从而使经济健康、可持续快速发展。

1.1.2 国际产业转移对新兴产业发展的新要求

（1）国际产业转移呈现出的新特点

经济全球化的日益深入以及科技的高速发展，使得世界范围内的产业结构为了适应这一趋势而进行了根本性的调整，国际产业转移随之也进入新的阶段，并呈现出新的趋势和特点。这表现为：

新兴市场需求成为各国争夺的热点。金融危机的爆发预示着发达国家债务型经济以及超前消费对经济增长的推动作用正逐渐减弱，低迷的消费需求导致加工能力过剩。而以中国为代表的新兴市场国家却由于经济的快速发展、巨大的消费潜力以及广阔的市场需求规模成为重要的新消费主力。为满足这些新兴市场国家日益增长的消费需求，各国纷纷在这些国家中投资设厂，从而带动国际产业出现了以满足新兴消费市场需求为主的产业转移动向，以实现贴近市场、更好地满足消费需求的目的。

伴随着生产转移，技术转移和扩散的速度在逐渐加快。为了充分利用海外科技和人才资源、适应全球竞争需要以及降低成本，多数跨国公司在转移生产加工环节的同时在国外设立研发机构、组建高技术产品生产线，实现国际产业转移的“高技术化”。一方面，这对技术落后国家形成了压力，促进其提高自身技术创新能力，以迎接外来企业技术领先的挑战；另一方面，技术转移和扩散速度的加快也推动技术输入国的产业结构调整步伐，实现产业结构的高级化和生产的现代化。

传统产业国际分工基本已完成，新兴产业成为国际产业转移的新热点。国际产业转移呈现出两个特点：一是传统产业的国际产业分工体系已经基本确立起来，并且市场对传统产业产品的需求也逐渐趋于稳定，传统产业总体规模不会发生大的改变。但是随着新兴产业的快速发展，各国逐渐意识到传统产业的重要性，其在培育和发展新兴产业中处于基础地位，因此呈现出传统制造产业从发展中国家向发达国家“回流”的态势。二是为谋求新的经济增长点、抢占新一轮科技革命的制高点，世界各国在以创新为主的同时，将具有突破性的战略性新兴产业作为整个未来产业培育和发展的主攻方向，投入巨大的人力、物力、财力资源予以支持。虽然目前新兴产业还处在技术开发和逐步应用的阶段，但是世界各国针对新兴产业的整个国际空间布局和领地争夺已日渐激烈（陈宝明，2011）。世界各国在把握新兴产业核心技术和知识产权源头的同时以加工基地转移的形式实现新兴产业国际化转移，从而利用新兴产业国际分工体系形成规模化生产能力，取得新兴产业竞争优势。

总的来看，国际传统产业格局已经基本形成并维持稳定状态，而随着科技的发展和消费需求的转变，新兴产业逐渐成为国际产业转移的热点，各国努力通过技术创新实现技术突破，从而在新兴产业的国际转移中占领优势地位，取得竞争实力。

（2）新兴产业发展的新要求

在新兴产业逐渐成为国际产业转移热点的驱动下，世界各国纷纷加快产业结构调整步伐，转变产业发展重心，围绕新的国际形势对培育和发展新兴产业提出更高要求和期望。

节能环保、绿色发展成为新兴产业主题。面对日益严重的能源危机、资源枯竭问题，低污染、低排放、低能耗的经济发展模式逐渐成为世界经济发展的大趋势。以美国、日本、欧盟等为代表的发达国家和地区都加大了对节能环保、低碳能源技术的开发力度，以寻求新的经济增长点，推动经济社会的可持续发展。美国先后颁布了《美国复苏与再投资法案》《美国清洁能源与安全法案》，明确提出发展低碳经济和节能环保产业。欧盟发起“欧洲经济复苏计划”，投资25亿欧元用于低碳环保产业项目，10.5亿欧元用于碳捕获和储存项目。英国政府认为节能环保产业是英国经济复苏的关键，也是未来英国经济发展的立足之本，通过颁布《英国低碳转型计划》《英国可再生能源战略》等来推动节能、低碳产业发展。日本凭借其长期积累的新能源和再生能源开发利用技术，提出打造全球第一个低碳社会的目标。这些国家和地区的政策法规、战略规划都突出强调了节能环保、低碳经济在未来发展中的重要性，并将其作为重点扶持和培育的关键性新兴产业部门。

新兴产业发展的核心任务在于实现创新性突破，以及在新一轮科技革命的竞争中占据优势地位。当前国际产业转移已由传统产业国际分工向新兴产业重新布局过渡。综合世界各国产业发展历程可以看出，新兴产业的成长和发展并不是一帆风顺的，具有颠覆性、革命性，同时还具有竞争性。各国新兴产业的发展都是建立在取得突破性创新、掌握并应用先进技术的基础之上的。争夺新兴产业技术、资源、人才优势已成为未来一段时期各国产业战略的重点。而从以往的历史经验来看，发达国家和发展中国家在技术创新过程中处于不平等的地位[①]。面对新一轮科技革命，各国更是加强了技术创新保护和研发投入，但在寻找新的经济增长点和技术创新突破口方面，各国的起点基本相同。哪一个国家率先取得在新能源、新材料、节能环保、新一代信息技术等新兴产业领域的关键核心技术，就将掌握新技术革命的主动权，获得发展先机和竞争优势。

政府主导、体现国家战略意识成为新兴产业发展一大特点。[②]新兴产业具备显著的发展潜力和成长性，且对国家安全及国家经济安全具有深远的影响。这些产业的发展不应局限于局部利益，如个人、企业、地区或行业的利益，而应服从国家整体利益。各国积极推动新能源、新材料、新能源汽车等产业的发展，不仅是对新一轮科技革命的响应，更是为了抓住新科技发展的机遇，提高自主创新能力，从而在全球科技竞争中占据优势地位，赢得竞争先机。在政府支持方面，美国政府在资金、法律、规划制定等多方面保障新兴产业的发展。2009年美国曾颁布

① 发达国家为了保持技术领先优势，通过知识产权、标准体系制定和市场垄断等手段来加大对高新技术的控制，减缓新兴产业链的高端环节特别是涉及核心技术的环节向发展中国家转移的进程，从而巩固发达国家自身在全球新兴产业格局中的有利地位。这导致了发展中国家本土技术逐渐边缘化、研发资源大量流失、高新技术发展路径依赖发达国家等问题，从而陷入进一步恶化的技术创新环境。

② 2018年5月28日，习近平总书记在中国科学院第十九次院士大会、中国工程院第十四次院士大会上指出，进入21世纪以来，全球科技创新进入空前密集活跃时期，新一轮科技革命和产业变革正在重构全球创新版图、重塑全球经济结构。科学技术从来没有像今天这样深刻影响着国家前途命运，从来没有像今天这样深刻影响着人民生活福祉。

《2009年美国复兴与再投资法案》，在刺激经济的方案中明确指出拨出1 200亿美元用于与新兴产业相关的基建和科研项目。欧盟在2009年和2010年财政预算中增拨50亿欧元用于欧洲地区能源网络和宽带这两个方面的基础设施建设，其中的10亿欧元主要用来针对加快网络升级。日本政府制定《关于促进新能源利用的特别措施法》，目的是鼓励包括太阳能、风力、废弃物、生物在内的新能源发电的研究开发和推广。在政策协调方面，各国实施财税金融优惠政策，与资金支持、法律制定相互协调，促进新兴产业发展。这些政策包括补贴、税费减免、奖励等措施。例如欧洲大部分国家对太阳能热水器用户提供20%~60%的补贴，此外这些国家还制定车辆税费政策，对购置新型节能环保汽车的消费者给予税收减免。美国对开发可再生能源的企业给予不超过50亿美元的补助。德国对新能源的风力发电进行投资补贴，其中风力发电和光伏发电项目都实施低利率贷款优惠政策，利率在2.5%~5.1%之间。为了发展信息网络技术，日本对硬件操作系统在价格上实施10%的税收减免[①]。

1.2 战略性新兴产业的内涵与范畴

1.2.1 战略性新兴产业的概念来源与支撑

根据产业生命周期理论，产品与产业的发展过程与人的生长过程类似，有一个从开始到成熟，从成熟到退化的过程。在产品的生命周期中，受到市场竞争和技术进步等多重因素的影响，每种产品均会经历引入期、成长期、成熟期和衰退期这四个阶段。而在这一过程尚未终结时，具有相似功能的新型产品便已进入研发环节，这体现了市场的不断演变和技术的持续进步。与此类似，产业按照发展阶段也会经历类似的过程。而产业生命周期与产品生命周期不同，可以分为五个阶段，即新兴阶段、朝阳阶段、支柱阶段、夕阳阶段和衰落阶段，其中每一个阶段

① 所有这些国家所采取的税收减免、补贴、奖励等政策都是为了和政府法规、投资相互配合，以使国家战略意识在新兴产业培育和发展具体实践中得以体现，从而为新兴产业的发展培育良好的市场，引导需求和企业决策投资方向，在政府的带动作用下鼓励不同规模的企业在新兴产业领域做出贡献。

分别对应不同性质的产业部门。[①]这五个阶段相互衔接、前后联系，形成产业发展的生命周期。表1-1为各种产业特征比较。

表1-1 各种产业特征比较

	新兴产业	主导产业	支柱产业	夕阳产业
规模	小	较大	大	由大到小
增长速度	不一定快于GDP	明显快于GDP	初期快于GDP；后期慢于GDP	明显慢于GDP
效益	不一定好	较好→很好	很好→一般	差
当前地位	低	较高	高	由高到低
未来影响	逐渐增大	越来越大	大而稳，后期开始减弱	逐渐减弱
技术水平	很高	高	一般/成熟	不高/落后

资料来源：吴殿廷. 区域经济学［M］. 北京：科学出版社，2003.

1.2.2 战略性新兴产业的基本内涵和维度

（1）战略性新兴产业的划分依据

我国曾强调发展战略性新兴产业是中央政府立足于国内外发展环境、抢占国际经济发展高地和科技竞争制高点而做出的重大战略选择。[②]

首先，战略性新兴产业属于新兴产业范畴，其中包含着具有革命性力量的科学技术，它的创新发展决定着未来整个新兴产业发展的方向。新兴产业强大的成长能力必将使其在未来发展成为先导产业和支柱产业。[③]其中，先导产业是指在国民经济中具有重要战略地位，并在国民经济规划中先行发展以引导其他产业往某一目标方向发展的产业（冯

---

① 1966年Vernon提出了产品生命周期理论，随后William J. Abernathy和James M. Utterback等以产品的主导设计为主线将产品的发展划分成流动、过渡和确定三个阶段，进一步发展了产品生命周期理论。在此基础上，1982年，Gort和Klepper通过对46个产品最多长达73年的时间序列数据进行分析，按产业中的厂商数目进行划分，建立了产业经济学意义上的产业生命周期模型。

② 见2016年11月29日国务院印发的《“十三五”国家战略性新兴产业发展规划》。

③ 《国务院关于加快培育和发展战略性新兴产业的决定》中提出，把战略性新兴产业培育成为国民经济的先导产业和支柱产业。

赫，2010）。从此概念中可以看出，新兴产业中包含先导产业[①]，它是新兴产业中具有战略性和引导性的部分，而我国政府提出的战略性新兴产业正好符合先导产业的这一特点，战略性新兴产业属于新兴产业的范畴，应是我国强调发展的新兴产业中最具长远性、先导性和成长性的部分。

其次，战略性新兴产业是一个时点概念，随着其发展、成长最终会成为主导产业和支柱产业。我国发展战略性新兴产业一方面考虑到当前国际形势，另一方面考虑到国内调整产业结构、改变经济发展方式的紧迫形势。战略性新兴产业中包括新能源、新材料、节能环保等产业，它们不但是科技创新的具体体现，还是调整产业结构、转变经济发展方式的关键，其产业特征充分体现出未来将发展成为主导产业的趋势，而主导产业的发展又是一个地区产业结构合理化以及经济发展的基础和前提。同时，随着战略性新兴产业技术的研发推广、逐步成熟、发展规模的扩大，它也将表现出对一个区域经济发展的支撑作用。

最后，战略性新兴产业的发展不仅是一些全新技术领域逐渐成熟、产业化的过程，它对现有的其他产业也将产生巨大的辐射、带动和提升作用。这是因为，科技创新在催生新兴产业的同时也可以改造现有产业的生产技术，延长基础性产业的生命周期，淘汰落后设备和产能，从而节约能源消耗。强调发展新兴产业并不意味着放弃对现有产业的升级、革新，恰恰相反，一些关系到国计民生的基础性支柱产业能够借助战略性新兴产业成熟和完善的科技巩固其基础性地位，这是新兴产业稳定的前提。

通过与其他处于不同状态的不同类型的产业比较可以得出这样的结论，战略性新兴产业是该科技革命周期中的新生产业类型，但是其内在的先导性和生命力又决定了其先导产业的特性。随着新技术、新市场的进一步成熟，战略性新兴产业必将成长为主导产业，改变目前不协调的产业结构和粗放型的发展方式，最终将成为对国民经济发展起支撑作用的成熟的产业类型。现在虽然战略性新兴产业才刚刚起步，但是其科技

① 新兴产业中具有导向性作用的产业表现出先导产业的特征。虽然多数研究将先导产业划入新兴产业，但是二者之间还是存在着一定的差别。

的先进性符合目前世界经济、生态环境的要求，其创新技术影响力一定能够改造现有产业生产力，延长产业黄金发展期，为社会创造更多财富。

根据产业生命周期和战略性新兴产业与其他产业类型的比较，可以将战略性新兴产业的范畴确定在如图 1-1 所示的区域中。

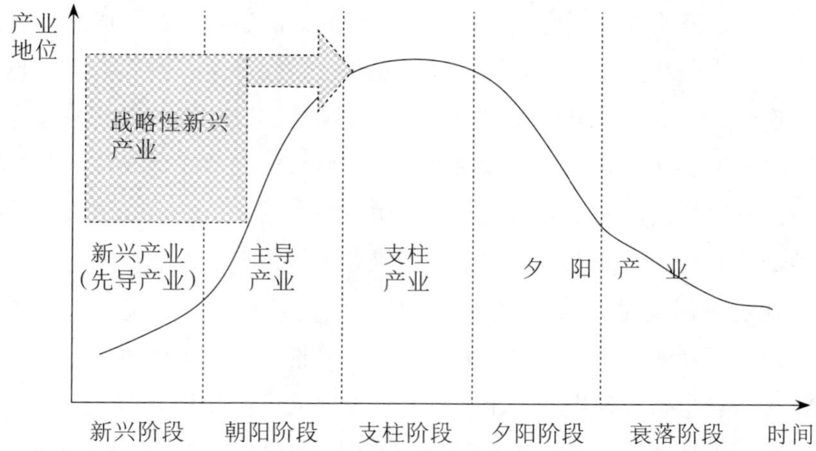

图 1-1 产业生命周期及战略性新兴产业范畴

从图 1-1 中可以清楚界定出战略性新兴产业所处的区域范围。战略性新兴产业属于新兴产业范畴，但是它并不包括新兴产业的全部，只代表新兴产业中先导产业部分，既具有战略性又具有引导性。另外，战略性新兴产业中一部分已经发展成为主导产业，如信息技术产业。在未来，随着战略性新兴产业的逐渐发展、成熟，其产业内具有先导性的产业将成长为支柱性产业，就目前的发展情况看，战略性新兴产业中先进的技术将改造和提升已有产业的水平，巩固基础性产业在国民经济中的地位。

（2）从不同角度解析战略性新兴产业的含义

在上文中，依据产业生命周期理论划分了不同产业类型，从中可以看出，战略性新兴产业的概念与处于不同阶段的产业类型相关。因此可以得出这样的结论：战略性新兴产业是伴随着新兴科技及技术的产业化、规模化、市场化而出现的，能够成为国民经济未来发展的增长点和长期支柱的新兴产业（赫运涛和袁伟，2010）。从战略性新兴产业处于先导产业的产业地位来看，影响战略性新兴产业的因素主要有重大技术创新、消费需求的重大改变以及政府政策的重大调整，它属于新兴产业但与其他新兴产业存在着本质区别。因此，从产业地位出发，可将战略性新兴产业定义为：在国民经济体系中占有重要地位，符合国家未来发展战略目标，对我国经济发展和产业结构调整具有决定性意义，具有促进、带动作用，有更广阔的市场前景，与国家的经济命脉和整个产业安全相关，具有自主核心技术，能产生良好的社会效益和经济效益的新兴产业（王镝和黄成明，2010；李晓华和吕铁，2010）。

其他相关研究也从产业可行性、需求、构成、外延等角度解释了战略性新兴产业的含义，但总的来看，对于战略性新兴产业内涵的界定表现出以下特点：第一，与产业发展阶段相关。因为战略性新兴产业的名称就来源于产业的一个发展阶段，它处于产业生命周期的起始阶段。第二，突出其不同于一般新兴产业的特征。战略性新兴产业属于新兴产业范畴，但是它只是新兴产业中的先导产业的代表，它的发展成功与否决定着我国经济的未来整体格局和走向。第三，强调其战略性意义。名称中的“战略性”说明了它的发展在国民经济体系中的重要地位，符合国家未来发展战略目标，受到不同于一般产业的重视。

（3）战略性新兴产业的内涵及维度

战略性新兴产业主要包括两个维度：一个是“新兴性”，另一个是“战略性”。首先它在整个国民经济中因具有导向作用而具有战略性先导地位，对经济社会发展、产业结构发展以及国家安全具有深刻的和长远的影响；其次战略性新兴产业要着眼于未来，必须考虑到其可能最终成为一个国家未来经济发展的支柱产业。

“新兴性”主要是从产业的发展角度说明战略性新兴产业处于一个产业发展的初期，随着新兴科技的逐渐成熟，这个产业将可能发展成为我国的主导产业和支柱产业；“战略性”是从产业的地位角度来看，该产业具有带动作用，所以对实现国家产业结构合理化、优化升级具有重要意义，从而会对整个国民经济发展产生重要影响。战略产业的发展同新兴产业一样，但又不同于新兴产业。随着经济的快速发展和科学技术的进步，某些产业会逐渐显露出先导作用而发展成为战略产业，而某些战略产业也会因为不具有带头作用、失去其战略意义而不再是战略产业。所以战略性新兴产业的战略性维度和新兴性维度是互通的，它们只是从不同角度来描述该产业的特性。此外，由战略性和新兴性两个不同维度复合构成的战略性新兴产业概念，也突出强调了战略性新兴产业所具有的产业竞争力。战略性新兴产业是在世界新一轮科技革命出现、各国都抢占科技竞争力制高点的背景下提出的，而我国在发展过程中已经错过了前几次科技革命大发展的良好时机，所以当前我国提出大力发展战略性新兴产业，就是为了能够把握机会在新一轮世界科技竞争中抢占先机，提高我国科技水平，为经济开辟新的发展空间。而且经过40多年的改革开放，我国在科学技术、人才、资源等方面的积累已经为迎接新一轮的科技革命的到来奠定了基础，所以我国发展具有战略意义的新兴产业是具有一定产业竞争能力的。总结上述分析，战略性新兴产业与新兴产业和战略产业之间的关系如图1-2所示。

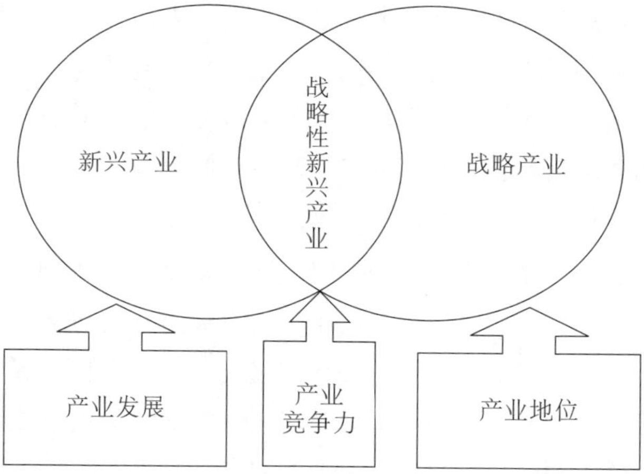

图1-2 战略性新兴产业与新兴产业和战略产业之间的关系

如图1-2所示，战略性新兴产业的内涵是新兴产业和战略产业两个概念的交集。新兴产业是从产业生命周期出发，强调产业的成长性和发展潜力。尽管该产业在发展过程中面临着相当程度的不确定性与风险性，然而，其固有的技术创新性使其在很大程度上契合了当代社会的需求与发展潮流，预示着巨大的潜在成长能力。此外，该产业的成长性亦体现在市场扩张、经济与社会效益提升以及就业带动等多个层面，这些方面的潜力具备长期性与持续性，为该产业的稳健发展提供了坚实支撑。而战略产业的概念突出强调产业地位，该产业的培育和发展关系到一国经济的长远发展，它既要对当前经济发展起到支柱作用，更要具有战略导向作用，引领未来经济社会的可持续发展。因此，在制定战略产业发展策略时，应当优先考虑国家整体利益，而不应过分关注地方或行业、企业、个人等局部利益。新兴产业和战略产业相互叠加就构成了战略性新兴产业的内涵，它是在充分利用新兴产业巨大成长潜力的基础上选取具有重大战略意义的产业领域加以扶持和重点培养，从而达到整体产业竞争力提升的目标。

1.2.3 战略性新兴产业的重点领域

近些年来，世界主要发达国家都不约而同地选择了新能源、新材料、节能环保、生物医药、信息网络等产业作为本国重点发展的新兴产业。

在欧美国家中，美国政府2009年颁布了一项经济刺激方案，总额高达7 870亿美元，可再生能源、节能环保、医疗、信息化等相关产业成为投资重点，航天、海洋、生态等领域也备受关注。其中，新能源产业成为美国新兴产业的重点发展对象。欧盟将新兴产业发展的重点放在低碳产业上，希望能够通过发展低碳产业实现节能环保的目标，同时带动经济向高效率、低排放的方向转变。欧盟在能源计划中提出了“3个20%”的战略目标，在一段时期内将支持发展世界一流水准的洁净、高效的低碳技术[①]。英国在金融危机中意识到制造业的重要性，并制定了“制造业发展战略”[②]，未来产业的发展重点放在超低碳出行工具、生命科学和生物医药以及高尖端制造业方面。

在亚洲国家中，日本在第二次世界大战后的繁荣得益于其模仿和创新能力，在新一轮的产业革命中，日本将新兴产业的重点领域放在信息

---

① 2012年欧盟制定了2020年三大绿色能源目标，即可再生能源份额达到20%、碳排放减少20%与能源消费比预计水平减少20%，但欧盟只设定了如何实现具备法律约束力的20%可再生能源目标。

② 2009年6月颁布的《构筑英国的未来》中曾提出英国从当时开始，要着手建设“明天的经济”，为了建设世界级先进的现代化基础设施，发展的重点放在低碳环保经济、生物医学制药、生命科学、高端数字经济、先进制造业和现代化金融服务业等方面，以此确保英国的领先地位。

通信、节能环保、新能源开发、生物工程及生物制药、空间技术开发、海洋开发及能源利用等方面，希望通过发挥日本在技术创新方面的优势取得更快的经济复苏和增长。韩国制定了《新增长动力规划及发展战略》，将产业发展的重点放在了22个领域，包括新能源与环境保护、新一代运输装备及工具、新兴信息技术、生物医药、不同产业融合、现代化知识服务六大产业，如太阳能电池、海洋生物燃料、绿色汽车等新能源方向。

在新兴经济体中，巴西的发展引人注目。历史上巴西是一个石油资源相对短缺的国家，能源严重依赖进口，但是2006年巴西却实现了能源独立。这一转变得益于其大力发展以生物燃料为主的新能源产业。在新兴产业迅速崛起的今天，巴西在发展生物能源取得成功后又瞄准加快发展风能的关键新能源领域。世界主要国家和地区发展新兴产业的重点领域总结见表1-2。

表1-2　**世界主要国家和地区新兴产业发展重点领域**

国家和地区	框架计划	重点领域
美国	《美国创新战略：促进可持续增长和提供优良的工作机会》（2009年9月） 《重整美国制造业框架》（2009年12月）	新能源、生物医学、海洋、大气、航空、新材料
欧盟	《欧洲联盟物联网行动计划》《欧洲联盟生命科学和生物产业发展战略》《海洋综合政策蓝皮书》等	低碳产业、节能环保、信息与通信技术、生物技术
英国	《构筑英国的未来》（2009年6月）	尖端制造业、低碳技术、生物医药、生命科学、数字经济、金融服务业
日本	《生物产业立国战略》（2007年7月）、《面向光辉日本的新成长战略》（2009年12月）	信息通信、节能环保、新能源开发、生物工程、空间技术、海洋开发

续表

国家和地区	框架计划	重点领域
韩国	《新增长动力规划及发展战略》(2009年1月)	新能源与环境保护、新一代运输装备及工具、新兴信息技术、生物医药、产业融合、知识服务
巴西	《生物柴油计划》、Proinfa立法(对可替代资源发电项目的鼓励计划)	生物能源、风能、核能

面对世界经济形势和我国经济发展需要，2009年我国提出培育和发展新能源、新材料、节能环保、信息技术、生物技术以及高端装备制造等战略性新兴产业。2010年，《国务院关于加快培育和发展战略性新兴产业的决定》中指出，“根据战略性新兴产业的特征，立足我国国情和科技、产业基础，现阶段将重点培育和发展节能环保、新一代信息技术、生物技术、高端装备制造、新能源、新材料、新能源汽车等产业”，从而确定了我国战略性新兴产业重点发展的七大领域。详细情况见表1-3。

表1-3　**我国战略性新兴产业行业细分及重点领域**

产业名称	细分行业	重点领域
节能环保产业	节能产业	变频器、中央空调节能改造、余热锅炉、高效电机
	环保产业	脱硝行业、废气处理、污水处理、固废处理
	资源循环利用产业	金属、非金属、电子器件、电气设备循环利用
	LED产业	LED背光、LED球灯泡、LED芯片
	智能电网	智能电表、储能电池、数字化变电站、电动汽车充电柜、智能调度设备、变压器在线监测装置、柔性输电线

续表

产业名称	细分行业	重点领域
新一代信息技术产业	3G/4G/5G无线通信网络	智能终端、无线网卡、基站天线、网络设备、内容服务提供
	物联网	公共安全、工业生产、智能交通、智能家居、绿色农业、煤炭生产、医疗诊断、应急指挥
	云计算	虚拟化、大规模数据处理与分析、海量数据安全存储、信息共享、动态资源分配、按需交付
生物技术产业	生物医药	基因诊断、基因治疗、靶向治疗、转基因药物
高端装备制造业	高端装备	精密和智能仪器仪表、实验设备、智能控制系统、关键基础零部件、元器件、通用部件、高档数控机床、基础制造装备、智能专用装备、自动化成套生产线
新能源产业	风电	风电叶片、齿轮箱、轴承、变流器
	光伏发电	多晶硅、硅锭/棒、太阳能电池片、太阳能电池组件
	生物质能	厌氧沼气、生物质热解气化、燃料乙醇、生物柴油、液体燃料
新材料产业	新材料	稀土材料、稀有金属材料、半导体材料、功能合金、高端金属结构材料、新型轻合金材料、先进高分子材料、新型无机非金属材料、高性能纤维及复合材料、前沿新材料
新能源汽车产业	新能源汽车	混合动力车、纯电动车、燃料电池车

1.3 战略性新兴产业的特征

1.3.1 战略性新兴产业的重要产业地位

战略性新兴产业的发展受到众多因素的影响，其中最为关键的是技术的重大创新、消费需求的显著变化以及政府产业政策的调整。产业的发展与经济的发展紧密相联，随着经济的演进而变化，同时体现了产业特别战略地位所必需的推动和引导作用（李晓华和吕铁，2010）。具体来看有两个方面：一是战略性新兴产业把握全局并有很强的产业关联性；二是战略性新兴产业指向长远目标并具有政策导向性。

（1）把握全局并具有很强的产业关联性

战略性新兴产业具备显著的发展潜力和成长空间，同时，其对国家经济安全及整体利益具有至关重要的影响。在推动战略性新兴产业发展的过程中，我们必须始终坚持以国家整体利益为重的原则，超越局部利益。全球各国纷纷加速新能源、新材料、新能源汽车等产业的布局与发展，这不仅是回应新一轮科技革命的举措，更是为了把握新科技发展的契机，提升自主创新能力，以在全球科技竞争中占据主导地位，进而获取竞争优势。

战略性新兴产业不但对经济发展贡献巨大，而且可以通过发展过程中存在的溢出效应带动其他关联产业的发展，从而对区域或国家经济总量和质量的提升起到关键性作用[①]。另外，在战略性新兴产业中发展起来的新技术和新工艺还可以用于现有产业的技术革新和改造，从而延长衰退产业的生命周期，巩固基础产业的地位。

（2）指向长远目标并具有政策导向性

战略性新兴产业决定着一国经济的长远发展，它是当前经济产业中的支柱产业，并将引领未来经济社会的可持续发展。另外，国家选择的战略性新兴产业具有信号作用，它体现了政府新的产业政策导向，更是

① 例如，新能源产业发展的溢出效应就可以带动相关的高端装备制造、新材料、新能源、新能源汽车等多产业的联动发展和变革。

未来经济发展的重心，继而会引导财政资金投放、地区人才集聚、高新技术研发及产业政策制定。各个国家在新兴产业上的政府投资计划不但关系到目前产业发展所需，而且更多地指向未来长远的经济发展目标。[①] 2009—2013年欧盟筹措1 050亿欧元，就是为了全力打造世界级的“绿色产业”从而达到绿色发展的目标。这些国家制定新兴产业扶持政策是为了未来经济社会的长远发展，这样国家才能在某一新兴产业中具有世界级的竞争能力和优势。

产业的“战略性”表明该产业的影响力大、贡献突出并与国家利益密切相关。所以各国政府在制定新兴产业发展战略的同时，投入大量扶持资金，帮助这些新兴产业快速成长。此外，新兴产业还具有较大风险，一般社会资本不会轻易投资该产业，所以战略性新兴产业的投融资渠道还未完全建立起来。这就需要政府加大对该产业的资金扶持力度，并制定相应的扶持政策，从而产生一定的政府引导作用，鼓励社会各界关注该产业的成长，投入资金、人力、技术使得战略性新兴产业尽快发展起来。

1.3.2 战略性新兴产业的产业发展前景

在战略性新兴产业的产业发展初期，不确定性高且风险大，但是产业本身强大的生命力和成长能力将使产业在发展过程中不断进行优胜劣汰，遴选出真正具有发展潜力的产业成长为新一代主导产业和支柱产业，实现产业结构的全面优化升级。

（1）战略性新兴产业的发展具有较高的不确定性和风险

战略性新兴产业的较高不确定性主要源于技术、市场、环境以及政策等方面。具体来看，首先，战略性新兴产业由技术创新发展而来，因此在技术层面上有一定的不确定性，并需要不断地完善和改进。其次，因为战略性新兴产业发展随着市场需求的变化而变化，所以市场需求的不确定性使得战略性新兴产业的发展具有不确定性。一项新兴技术出现后，可能由于其符合市场需求而很快得到认可，也可能出现市场需求的产生滞后于技术创新很长一段时间的情况。再次，战略性新兴产业的发展与我国社会、

---

① 德国提出的2020年“信息与通信技术创新研究计划”，目的就是增强未来德国信息通信领域的国际竞争力。

经济、文化环境之间是否能够相融合存在着不确定性。同时适合发展战略性新兴产业的社会环境、价值体系、产业体制还处于萌芽阶段，固有的传统产业的规范和体制能否适应新兴产业发展条件是不确定的，甚至很可能在一定程度上会与新兴产业发展产生一定的摩擦。最后，政府对新兴产业的认识程度有限，缺乏相关政策制定经验，只能参照以往标准在摸索中做出决策，而这些政策的适用性和稳定性是不确定的。

在上述分析中，从新兴产业的技术、市场、政策等方面说明了其不确定性。在风险性分析方面，本章主要从投资者角度出发，探讨投融资、运营和人才等方面存在的风险。在投融资方面，新兴产业从创立到发展、成熟过程中，无论在内容上还是在做法上都无经验可循，信息不足等各种因素干扰着政府或企业的投资，使得新兴产业的投资具有较高风险。此外，新兴产业在原料供应、市场需求等方面的不确定性，导致社会对新兴产业未来的发展存在疑虑，使得新兴产业在融资方面存在困难。新兴产业内的企业在运营过程中资金链一旦出现问题，而又无法通过融资手段解决，将会产生更高的运营风险。在人才方面，如果培养新兴产业专业技术人才的教育体系或高校专业设置落后于新兴产业对专业人才的需求，新兴产业发展将面临人才困境。

（2）战略性新兴产业发展具有科技创新性并能持续成长

战略性新兴产业来源于技术创新，是随着技术水平的提高而成长和发展起来的产业[①]。所以，战略性新兴产业应充分体现出最新的科学发展和技术进步水平，是科技创新的深度应用和产业化平台（冯赫，2010）。在上文的分析中，可以看出每一次金融危机的爆发必然导致新一轮的技术革命，而技术革命除了促进科学技术水平上一个新台阶外，还将催生一批新科技企业，这些企业达到一定规模后形成新兴产业，从而创造新产品、开拓新市场，造就新的财富增长点。因此，新兴产业的科技创新是走出经济危机，从而实现新一轮经济繁荣的根本途径。

战略性新兴产业的成长一方面是其自身要经历发育、成长、成熟的发展阶段。通过对产业生命周期理论的分析，战略性新兴产业属于新兴产业

① 2010年2月4日，温家宝总理曾在科学发展观研讨班上提出，省部级干部要尽快落实新兴科技和新兴产业的深度融合，战略性新兴产业不仅代表着科技创新的新方向，还代表着产业结构发展的新方向。

的范畴，所以处在产业发展阶段的初始阶段，随着产业的不断成长，它会逐渐成熟并发展成为主导产业和支柱产业。此外，尽管产业发展过程中存在显著的不确定性和风险性，但产业所固有的技术创新性也昭示了其紧密贴合时代需求与发展潮流的特点。因此，该产业拥有巨大的潜在成长能力。而战略性新兴产业另一方面的成长性表现为在市场需求、经济发展、社会效益以及带动就业等多方面存在着巨大的长期且持续的潜力。

1.3.3 战略性新兴产业的竞争力

将战略性新兴产业的地位和发展两方面特征进行叠加汇总，就构成了该产业竞争力方面的特征。战略性新兴产业统揽全局，以获得未来长期竞争力为目标而展现出强大的生命力。因此该产业的发展将引导整个产业结构的优化升级，促进社会技术体系发生根本性的转变，从而在世界新经济技术格局中掌握主动权，抢占制高点。而产业竞争力的获得本质上也是通过产业结构优化升级和转变社会技术体系实现的。

（1）通过新旧产业共同发展优化产业结构

通过对战略性新兴产业的培育和发展，来引导产业结构优化升级从而提升产业竞争力，本质上是对传统产业进行升级改造，这就需要新旧产业的协调发展。

一方面，战略性新兴产业的发展也能促进传统产业的发展，通过对传统产业进行技术创新改造，帮助传统产业跳过一些困难阶段，从而加快传统产业现代化的实现。我国经济社会发展现状决定了多数传统产业仍具有基础性和主导性，因此发展战略性新兴产业还要以传统产业为基础。更何况目前我国的传统产业在生产技术水平、产品品种结构、单位产品物耗和劳动生产率等方面还存在着种种问题，只有打好传统产业基础，才能在此之上培育和发展战略性新兴产业，实现整个产业的优化升级。从世界各国传统产业发展来看，大多数国家都是将高新技术不断引入传统产业中，优化传统产业，使其升级创新，这样才能继续维持传统产业较高的增长率和产业地位（孔令丞和徐玉梅，2002）[①]。我国在传

① 如汽车产业中渗入微电子技术和机电一体化技术，车床工业中加入电子控制技术等。

统产业不完善的条件下培育和发展战略性新兴产业可以在借鉴国外改造传统产业经验的基础上进行自主创新，这样我国传统产业不但进行了升级改造，而且跳过了国外技术改造传统产业的许多阶段，在借鉴吸收的基础上赶超国外，实现传统产业更快的发展。

另一方面，战略性新兴产业的发展离不开作为基础的传统产业，它在产业规模、基础设施、原材料供给、资金等方面为战略性新兴产业的培育作铺垫。虽然一些传统产业存在高污染、高能耗问题，必须对“夕阳技术”进行改造，但是传统产业并非夕阳产业。一些传统产业如石化、矿山、冶金、钢铁、机械等仍在经济发展中起着重要作用。在我国40多万家工业企业中，就有近90%的企业属于传统产业部门。所以在今后相当长的时间内，整个世界仍将处于资源经济阶段，经济发展仍然取决于对自然资源的占有和配置，并且以传统产业作为基础。因此，我国发展战略性新兴产业需要依靠传统产业，在此基础上新旧产业相互融合、协调发展。

（2）通过加强根本性技术创新能力促进社会技术体系转变

战略性新兴产业技术创新活动以根本性创新为主，有着巨大的发展潜力，并与未来社会经济发展趋势相协调。通常来讲，技术创新分为两种类型：增长性的和根本性的。增长性技术创新是指那些由现存技术发展和改进而来的创新，相对来讲易于管理。相反，根本性技术创新没有“先例”可以参考，完全来自新理论发展和新技术运用，因此，具有更多的不确定性和风险；同时根本性技术创新又是政府等公共部门许多研究项目的核心，并且其能够带来巨大的经济效益。

战略性新兴产业中的技术虽然有些来自既有技术的适用性创新改进或技术融合，但是大部分都属于新兴技术。[①]这些来自根本性创新的新兴技术范式不清晰，多数处在实验室阶段，要想将其培育成一个新产业需要运用有针对性的政策工具来加以管理。另外，从这些技术发展领域来看，它们都和目前世界各国关注绿色能源、可持续发展密切相关，自然成为重点培育对象。

目前我国政府作为推动战略性新兴产业技术创新发展的主体，在通

① 例如，新能源光伏电池制备新工艺、与节能环保相关的绿色智能电网技术、电动汽车产业中的新型大容量、高功率电池技术等。

过不断出台扶持性政策措施、加大技术研发投入力度的同时，联合技术研发机构、投资者、企业等技术研发创新主体构建起有利于加强我国技术创新能力的创新平台；通过技术实验、市场实验、产品推广等程序实现新技术的产品化和市场化，从而将战略性新兴产业技术创新活动、产品研发、市场需求和开拓联系起来，最终用新技术范式和技术路线取代原有技术，引起整个社会技术发生重大转变，从而整个社会技术体系会随着当前经济社会发展而发生质的改变。在这一过程中，创新主体自身的新技术研发能力不断得到提高，通过掌握核心技术获取产业竞争实力。

1.4 战略性新兴产业的成长规律

1.4.1 一般新兴产业的发展规律

新兴产业的发展过程是指该产业从萌芽到成长再到成熟，最后市场地位确立且不断巩固的过程（陈刚，2004）。如图1-3所示，一个产业领域内的先导产业要素逐渐多样化和结构化，继而实现先导产业要素的产品化和规模化，最终出现了具有先导作用的新兴企业。具有带头示范作用的新兴企业带动了其他相关新兴企业的发展，并进一步形成了一个包含多个产业的新兴企业群，同时新兴企业群又会自我复制和扩散继而促进新兴产业的形成（Nowak and Grantham，2000）。

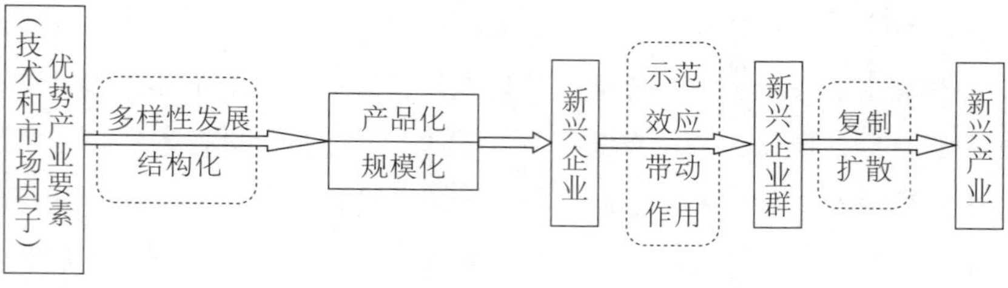

图1-3 新兴产业的产生过程

具体分析，新兴产业形成与发展的途径主要有三种：市场自发、政府培育，以及市场选择与政府扶持共同作用。

（1）市场自发的新兴产业形成与发展途径

市场自发的新兴产业形成与发展的途径是，在市场对现有产业进行自然选择的情况下，新兴产业依靠自身的产业优势在与其他产业的生存竞争中优先获得生产要素和经济资源，继而获得更大的市场份额以及市场自发的支持，从而经历从萌芽到成长，再到成熟的阶段。

市场自发的新兴产业的形成与发展主要来源于三个方面：第一，原有新兴产业分支分化；第二，新技术普及并逐渐产业化；第三，新的潜在需求得到满足，供给力量加大，逐步形成并规模化（邝国良和万莉，2005）。市场自发的新兴产业形成与发展的过程，实际上是指新兴产业在自然市场环境下依靠自身的优势与其他产业进行生存竞争，最终存活下来并形成先导产业，并可以在市场中获得拉动的成长过程。

市场自发的新兴产业的形成与发展具有与其他新兴产业不同的特点，主要包括客观性、自主性、内生性。新兴产业的形成与发展，是在产业发展的某一阶段排除外界干扰的情况下整个经济系统自发地选择的结果，从而表现出自主性特点。另外，新兴产业的形成与发展的自主性特点还表现为，其在市场竞争中依靠优势形成与发展，并不依赖相关的政府扶持政策。而新兴产业的内生性是与自主性不同的概念，主要是指新兴产业形成与发展是经济系统内部各产业相互竞争和作用、市场选择的结果，是经济系统内生的，不受其他因素的影响。

市场自发的新兴产业在形成和发展过程中经历的产生、成长和成熟阶段都经过了市场的选择，在这个过程中其原有的优势不断得到加强和升级，因此抗外界干扰能力、应变能力和自我发展、创新能力相比其他的新兴产业要强一些。另外，新兴产业在形成与发展过程中经过了市场选择的残酷竞争，这样形成的新兴产业素质更高一些。但是市场自发的新兴产业也会有一定的缺陷，表现出盲目性的特点，易受市场波动性和经济系统自身不确定性的影响。并且市场自发的新兴产业是靠市场选择形成的，受市场发展的影响，因市场发展过程比较缓慢，所以形成的新兴产业也会受到影响，表现为从萌芽到最终成熟所需时间较长。

（2）政府培育的新兴产业形成与发展途径

政府培育的新兴产业形成与发展的途径是，在政府扶持政策的影响下，新兴产业与其他产业进行生存竞争，最终获得生产要素和经济资源，继而获得更大的市场份额以及市场自发的支持，从而经历从萌芽到成长，再到成熟的阶段。政府培育的新兴产业形成与发展途径有三种：第一种是政府对原有分支分化的产业给予支持；第二种是政府对新技术规模化的产业进行扶持；第三种是政府对满足新的潜在需求的供给力量给予支持并推动其产业化（侯光文和王学定，2005）。政府培育的新兴产业形成与发展过程是产业在政府政策的扶持下，经过市场的残酷竞争逐步发展的过程。

与市场自发的新兴产业的特点不同，政府培育的新兴产业的特点表现在以下三个方面：主观性、外生性以及依赖性。政府选择重点培育的新兴产业，主要依据产业结构调整、产业系统外部市场条件以及整个产业的发展战略，是外部政府的扶持力量介入产业系统进行干预的结果，因此具有主观性和外生性特点。此外新兴产业对政府政策的依赖性主要体现在资源、政策等方面。

政府培育的新兴产业形成与发展速度较快，产业从萌芽到市场地位确立时间短，并且政府培育新兴产业的目的性较明确、前瞻性强、确定性程度高、波动小。在形成与发展过程中，市场自发的新兴产业极化效应时间短，同时其作用从极化转向扩散的时滞缩短，因而该新兴产业社会成熟成本可能比较低。但是与市场自发的新兴产业相比，政府培育的新兴产业在形成和发展过程中没有经过市场的残酷选择，其产业素质就可能没有市场自发形成的新兴产业的素质高，因此政府培育的新兴产业的抗外界干扰能力、应变能力和自主发展、创新能力与市场自发的新兴产业相比较弱。

（3）市场选择与政府扶持共同作用的新兴产业形成与发展途径

有学者认为，在现实的经济环境中，纯粹的政府培养模式和市场自发模式，对于新兴产业的形成与发展而言是不存在的（覃成林，2002）。新兴产业往往要在市场与政府政策共同形成的环境中形成与发展，所以新兴产业同时受到政府和市场的作用。市场拉动与政府推动相结合就是新兴产业形成与发展的模式。

市场拉动与政府推动相结合的模式对于新兴产业的形成与发展更加有利，因为这种模式既可以依靠市场力量，又可以得到政府的扶持，不但填充了纯粹的市场自发模式与纯粹的政府培育模式的短板，而且结合了市场自发模式与政府培育模式的优势。因此对于新兴产业来说，这种发展模式是一种重要而且现实的模式。根据市场与政府作用的先后顺序不同，市场拉动和政府推动模式相结合的方式有两种：第一种方式是先由政府进行选择、培育和扶持，然后由市场进行检验；第二种方式是先由市场自发选择，政府再介入进行培育和扶持。产业应根据具体情况选择不同的方式，但最终都应以市场检验为准。

1.4.2 战略性新兴产业的成长路径

战略性新兴产业的发展关系国家未来产业整体格局，具有长远性、关联性、导向性等特征，所以它的形成和发展过程不但具有一般新兴产业的共性，还具有自身发展的特点。想要确定战略性新兴产业形成与发展途径，可以先对市场自发途径和政府培育途径进行比较，见表1-4。

表1-4 新兴产业市场自发途径和政府培育途径比较

途径	作用方式	特点	优点	缺点
市场自发途径	拉动	客观性	产业抗干扰能力强	形成和发展过程具有盲目性、波动性
		自主性	自主发展能力、创新能力强	易受经济系统不确定性影响
		内生性	产业素质高	形成和发展速度缓慢、成长时间长
政府培育途径	推动	主观性	目的明确、政策不易波动	产业抗干扰能力弱
		依赖性	确定性程度高	自主发展能力、创新能力较弱
		外生性	形成和发展速度较快，成长时间短	产业素质较低

由表1-4可以看出，新兴产业形成和发展的市场自发途径和政府培育途径是两个极端的发展模式。它们在特征、优缺点方面是互补的。所以现实中将二者相结合，两种方式可以发挥各自的优点，弥补缺点，更有利于产业发展。但是具体产业情况不同，政府和市场在产业发展中的地位、作用强度大小也存在差别。在产业发展初期，由于市场、技术的不完善，政府在产业发展中的作用较为明显；但是随着产业逐渐走向成

熟，真正检验产业发展潜力的是市场。所以，在整个产业发展过程中，每个发展阶段政府和市场对产业作用的强度不同。

另外，通过对战略性产业的形成机理和培育模式分析也可以看出，战略性产业的发展始于国家的战略需求，是国家意志力在产业发展导向上的体现，所以政府的产业扶持政策对于战略性产业的发展有着至关重要的作用。从某种程度上来说，战略性产业就是为了满足国家需求，依靠国家强大的政策力量重点发展起来的产业。又因为该产业关系到国家的整体利益、国际竞争力和影响力，所以在其发展过程中突出强调自主创新的重要性。只有掌握技术核心，才能在国际竞争环境中处于主动地位。

战略性新兴产业存在一定的特殊性，其形成与发展的过程要先以政府为主导，再与市场拉动相结合。首先，产业的政府扶持性是战略性新兴产业的基本特征之一，因为发展战略性新兴产业是我国政府依据国内外经济、技术发展形势提出的具有长远发展意义的重大战略决策。除此之外，政府部门还选取了七大重点扶持的产业部门并在资金、政策、资源等方面予以优惠或倾斜，因此政府的推动作用是战略性新兴产业形成与发展途径的首要表现。其次，战略性新兴产业被提出是因为市场具有广阔的需求。从消费者角度来看，低碳环保产品具有广阔的市场前景，因为随着生活水平的提高，消费者的消费观念变得更加理性，具有更强的环保意识，这将推动企业、科研机构对于新技术的研发，产生更多新兴的科技企业和产业。从国家角度来看，战略性新兴产业具有广阔的前景和巨大的发展潜力，因为其能够满足国家对于转变发展方式、调整产业结构的战略要求。因此战略性新兴产业不但可以得到政府的扶持，而且具有巨大的市场需求空间。

综上所述，战略性新兴产业形成与发展的特点是先由政府进行选择、培育、扶持，再接受市场检验，市场拉动与政府推动相结合。由于战略性新兴产业形成与发展具有这样的特点，其在发展初期会受到诸多因素的影响，如产业的战略地位、技术的创新性等，因此在产业发展初期阶段政府要发挥主导作用。但在产业发展的过程中，由于产业的技术和市场不断成熟，市场的拉动作用会逐渐变强，政府的推动作用逐渐减弱。从市场的检验结果中可以看出，战略性新兴产业中的一部分行业确实体现出技术的发展方向并存在着巨大的市场需求空间，从而发展成为国家新的主导产业和支柱产业；另一些行业在产业发展初期表现出较强的潜力，但是由于技术的不完善和需求不足最终未能成为主导产业或支柱产业；而在产业发展后期，那些没有发展后劲的产业要在政府的主导下尽快淘汰或转产。

政府和市场对产业发展作用强度变化过程及战略性新兴产业生命周期如图1-4所示。

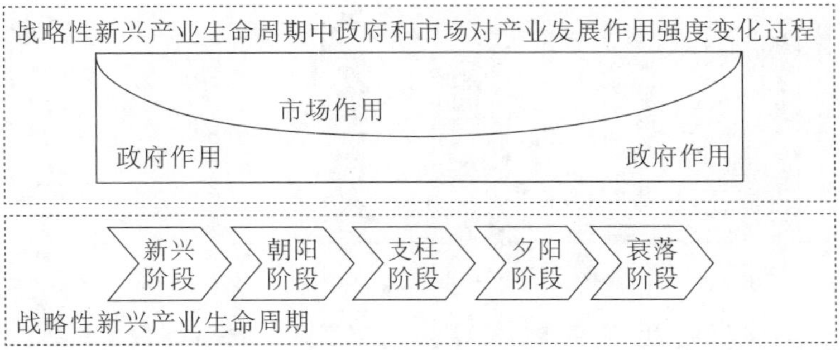

图1-4　政府和市场对产业发展作用强度变化过程及战略性新兴产业生命周期

由此可见，战略性新兴产业的发展是在政府和市场作用之间做出的阶段性选择，经过政府和市场两方面的作用和筛选，那些最终能够真正代表新兴技术水平、需求发展潜力巨大、竞争力强的产业将成长为我国具有战略意义的主导产业和支柱产业。

1.5　战略性新兴产业的结构趋同特征分析

结构趋同主要指区域间产业在空间布局与分工特征上相似（Qian and Roland，2007），并被认为将导致市场竞争加剧、资源耗散与经济增长滞后（李桢，2012）。为了细致识别区域产业结构趋同特征的微观表现，以下从工业行业与战略性新兴产业两个维度分别进行省际经济体结构趋同测度，从而解释为何增长与趋同同时发生。

本章使用相似系数测算结构趋同，具体计算公式如下：

$$s_{ij} = \frac{\sum x_{ik} x_{jk}}{\sqrt{\sum x_{ik}^2}\sqrt{\sum x_{jk}^2}}$$

其中，s_{ij}表示i地区与j地区产业结构的相似系数，x_{ik}、x_{jk}表示两个地区第k个产业部门在整个工业部门中所占的比重，Markcol（2000）认为，$s_{ij} > 0.8$就可以视为存在典型的结构趋同特征。

基于数据可得性，本章测度趋同性的战略性新兴产业包括新能源、新材料、生物医药、节能环保4个行业[①]。年度为2009—2013年，省份最终仅包括江苏、浙江、山东、四川和辽宁[②]，数据源自《中国战略性新兴产业发展报告（2014）》[③]，最终的结果如图1-5至图1-9所示。

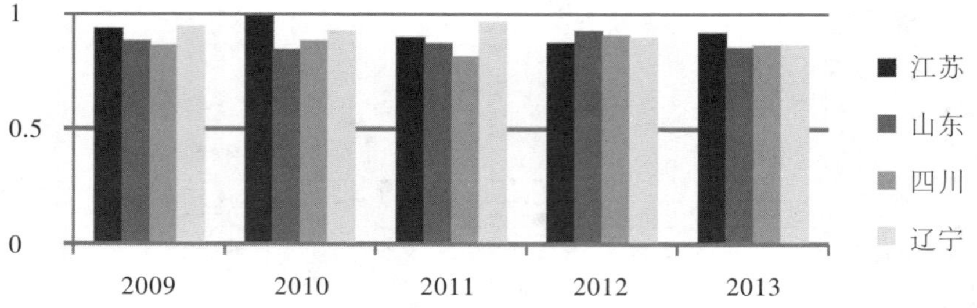

图1-5 浙江与其他省份战略性新兴产业投资相似系数水平

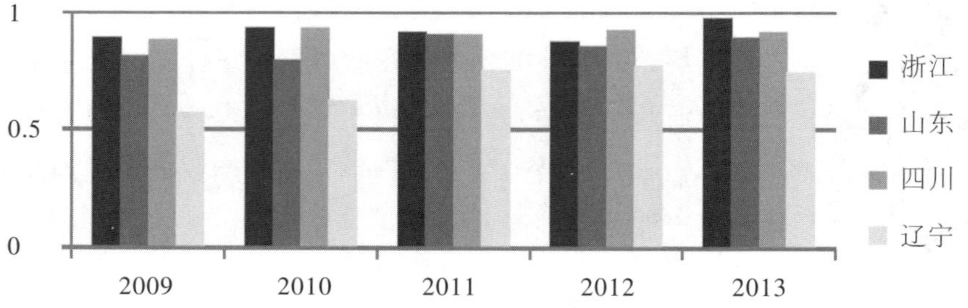

图1-6 江苏与其他省份战略性新兴产业投资相似系数水平

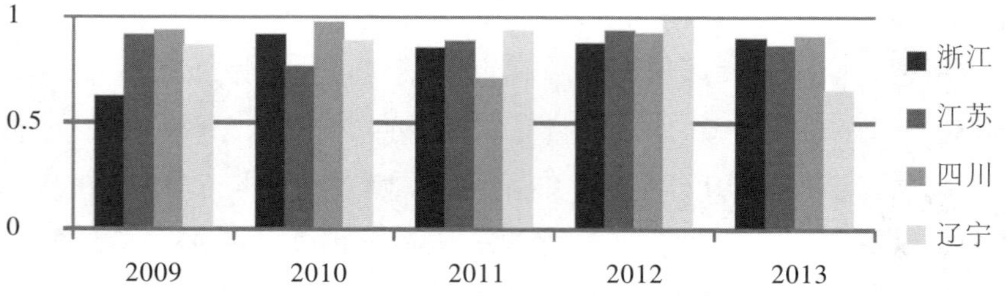

图1-7 山东与其他省份战略性新兴产业投资相似系数水平

① 2009年我国工信部确定的7个战略性新兴产业还包括新能源汽车、新一代信息技术和高端装备制造业，但这3个行业与现行的行业统计口径存在差异，难以直接获取权威的、连续的统计数据。

② 《中国战略性新兴产业发展报告（2014）》仅仅发布了11个省份的战略性新兴产业数据，其中江苏、浙江、山东、四川和辽宁为我国战略性新兴产业发展较为均衡、产业分布比较完全的省份，且战略性新兴产业产值较高。

③ 2014年后，《中国战略性新兴产业发展报告》不再发布，而各省统计的战略性新兴产业核算口径差异极大，为保证数据的真实性，本书的测算年度只能限定在2009—2013年。

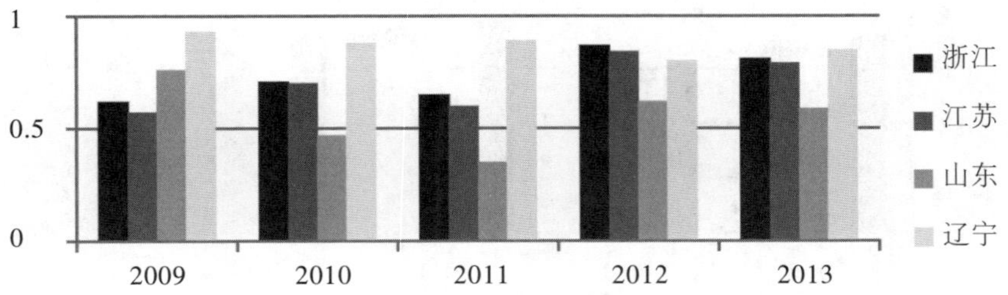

图 1-8　四川与其他省份战略性新兴产业投资相似系数水平

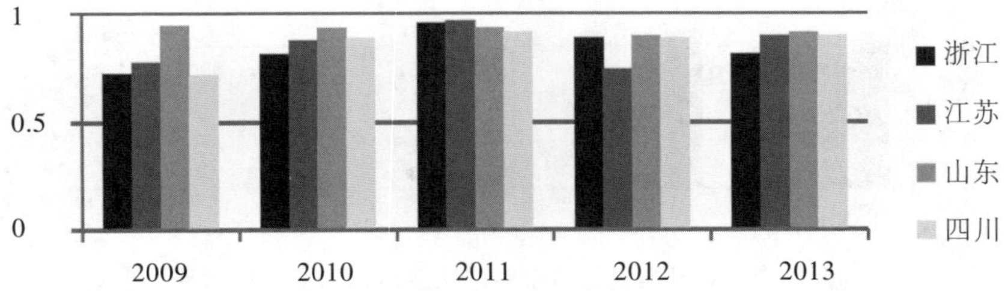

图 1-9　辽宁与其他省份战略性新兴产业投资相似系数水平

从图 1-5 至图 1-9 中可以看出，在 4 个战略性新兴产业部门中，江苏、浙江、山东、四川、辽宁 5 个省份存在着战略性新兴产业投资结构趋同的特征。其中，浙江、江苏、山东、辽宁与其他关联省份新兴产业投资结构的相似系数水平在 0.7~0.9 之间波动，只是在具体省份和具体年度上，存在一定的趋同程度的差异。

接下来，再针对全部工业行业进行结构趋同测度。选取工业部门的加工制造业共 33 个行业进行省际经济体结构趋同测算[①]。省际样本也选择江苏、浙江、山东、四川和辽宁[②]，结果如图 1-10 至图 1-14 所示。

从图 1-10 至图 1-14 可知，上述 5 个省份间的工业结构相似系数全部处于 0.8 的水平以下。换言之，上述 5 个省份间并未表现出显著的“结构趋同”特征，甚至呈现出较大的结构差异。

---

① 由于区域经济体中采掘业的发展高度依赖于自然资源禀赋，水、电、煤气供应则又关联于人口规模、人口密度、气候条件等因素，为尽可能控制其他因素的干扰，行业中剔除了采掘业与水电、煤气供应业。

② 我国高新技术产业与战略性新兴产业的产业核算口径存在较大差异，因此基于《中国高技术产业统计年鉴》无法折算出战略性新兴产业的数据，而在 31 个内地省份中，只有 11 个省份发布了战略性新兴产业数据，其中江苏、浙江、山东、四川和辽宁为我国七大战略性新兴产业中发展较为均衡、产业分布比较完全的省份，且战略性新兴产业产值较高。

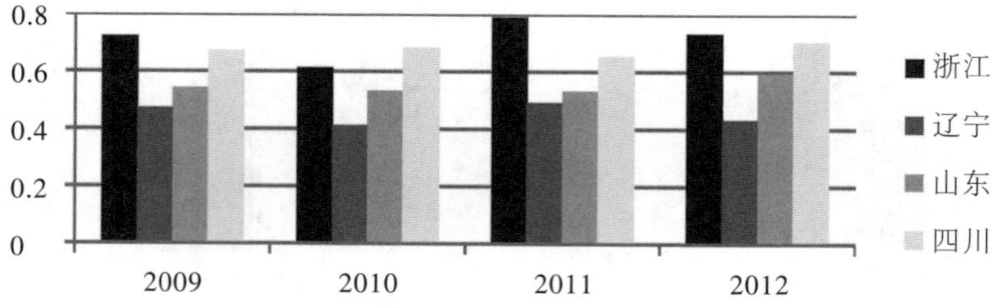

图 1-10　江苏与其他省份传统工业结构相似系数水平

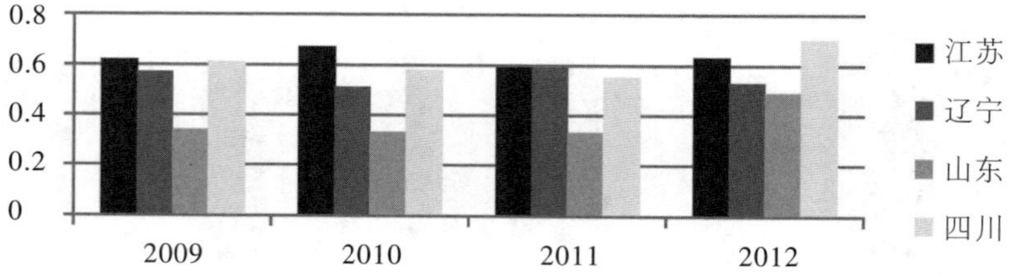

图 1-11　浙江与其他省份传统工业结构相似系数水平

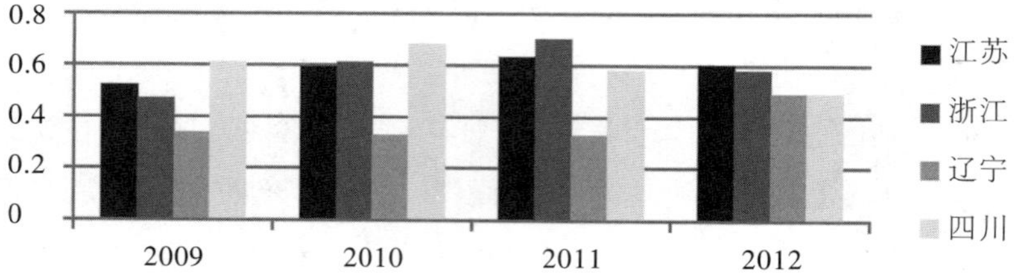

图 1-12　山东与其他省份传统工业结构相似系数水平

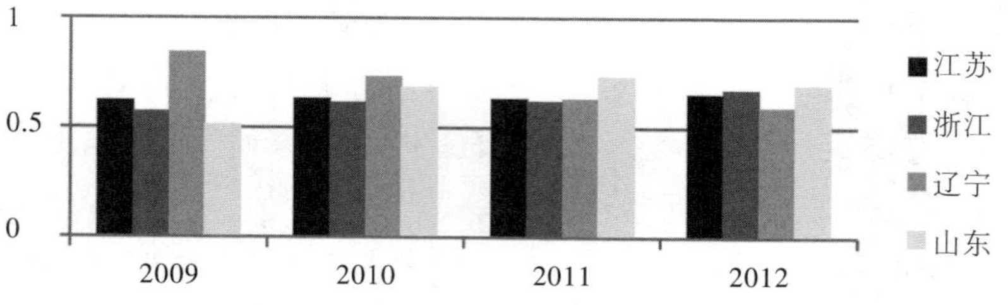

图 1-13　四川与其他省份传统工业结构相似系数水平

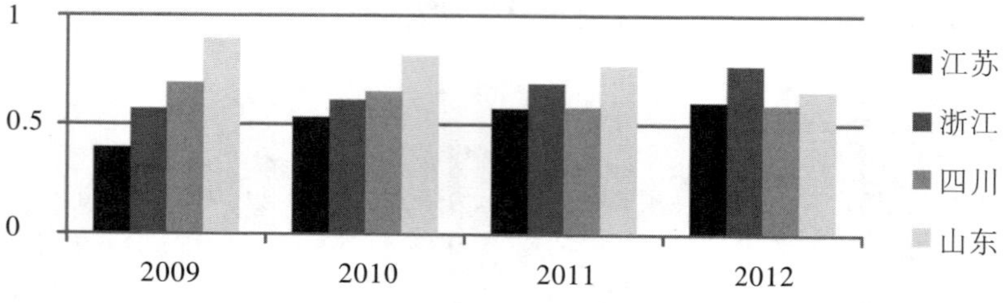

图 1-14　辽宁与其他省份传统工业结构相似系数水平

概括来说，我国区域经济体实际表现为“整体趋异、局部趋同”的结构特征。整体结构趋异保证了区域经济一体化的可能与增长的实现。但同时在战略性新兴产业中，当经济发展目标的权重大部分被传统产业增长所负担，新兴产业成为地方官员晋升与获取政治资本的关键因素时，结构趋同与同质化竞争在这些行业中较为普遍。

2 新兴产业成长的基础理论

国内外针对新兴产业的成长形态，展开了不同的研究和探索。从研究的内容和侧重点来看，国外学者大多从技术进步、产业形成、生命周期等角度对新兴产业的发展进行研究，相关研究成果和研究结论对于中国当前战略性新兴产业的培育和发展具有较强的指导和借鉴意义。现阶段我国的新兴产业处于结构转型期，国内学者对于这一时期的战略性新兴产业成长规律的研究起步较晚，大多基于国外学者的研究理论，尚未形成本土化的成熟理论体系。但是由于国内学者大多结合了中国转型时期的客观特征，因此对于战略性新兴产业在中国的发展能够进行更加有针对性的把握。本章对国内外研究成果进行了总结，认为当前新兴产业的产业理论主要包括：新兴产业的内涵与构成、产业成长与企业成长、产业增长的动力机制、产业成长周期、结构转型与产业升级等。

2.1 产业成长的基本界定

说到产业成长，就需要先了解一下产业增长。产业增长的概念有狭义和广义之分。狭义上的产业增长是指一个产业生命周期，即产业在经济中从出现到消失的整个过程。一般来说，一个产业的成长要经历四个阶段：初创期、成长期、成熟期和衰退期。从广义上看，产业增长并不仅限于增长路径的探讨，它还囊括了产业规模、产业技术进步以及产业组织结构的演变等多个维度。为了全面梳理新兴产业增长理论的发展脉络，本章将从产业增长的广义概念出发，对国内外相关文献进行梳理和总结。

产业规模的变化反映了产业在数量上的增长，包括绝对数量和相对数量。其中，绝对数量主要是指产业的产出、投资、资产存量，以及各项指标在产业体系中的比重；相对数量主要是指产出、投资、资产存量的增长速度，以及各项指标在产业体系中增长速度的比重。

产业技术创新是指在产业发展过程中，相关技术所经历的纵向深化与横向拓展。如果产业规模的变化揭示了产业增长在数量维度上的动态，那么产业技术创新则凸显了产业增长在质量层面上的跃迁。这种创新不仅体现为从产业链上游向高技术含量的跃升，同时也体现为技术从某一领域向其他领域的扩散与应用。因此，产业技术创新是推动产业由低层次向高层次转型升级的核心动力，并从根本上决定了产业增长的速度。综上所述，产业规模的变化和技术创新分别对产业的数量增长和质量提升起到了关键作用。

产业组织结构的变化是指产业组织的变革和企业数量的变化。而传统意义上的产业组织变革则是指市场结构、企业行为和市场绩效的变化。近年来，学术界逐渐将企业组织作为一种新的视角，纳入产业增长的构成要素中，更加关注企业组织与产业组织结构之间的相互影响、相互依存的关系。显然，产业组织结构的变化直接反映了产业增长过程中的结构性变化，是产业增长内涵中不可或缺的要素。

产业规模的扩大、技术的提升以及组织结构的变革共同推动了产业的增长。因此，可以清晰地界定产业增长与产业发展之间的概念差异。首先，产业增长仅限于数量上的扩张，是产业发展的直接体现。其次，从研究范畴来看，产业发展所涵盖的内容比产业增长更为广泛。除了单个产业的增长，还可以指经济系统中所有产业的增长，这不仅是微观经济的概念，也是宏观经济的概念。另外，在关注的重点方面，本章进一步分析了产业增长的重点，即单一产业与其他产业之间的关系以及其在整个经济体系中的定位。

2.2 产业成长与企业成长

企业成长是产业成长的核心。在讨论产业增长的概念时，有必要对企业成长进行界定和厘清。企业成长研究至少有两种不同的理论视角，即企业战略和产业组织。在企业战略领域，Penrose（1959）基于企业资源和核心竞争力给出了一个经典的解释，其中企业成长规律的观点已基本一致。然而，从产业组织理论的视角来看，一些学者将研究重心从企业内部转移到了大量的外部企业，试图寻找企业成长的一般规律。各种因素与企业规模、规模分布和规模增长率之间的关系已成为研究的核心（Bottazzi，2006；Coad，2008），这些研究构成了产业动态研究的重要组成部分。然而，对于后者，虽然开辟了一个有价值的研究领域，但研究结论并不令人满意。大量的研究都没有找到影响企业成长的决定因素，效率、利润率、产权、产业增长率等重要指标对增长的解释力有限（Dosi，2007）。Bottazzi 等人的研究则仅限于企业规模和年龄等因素，被视为产业动态领域中的“典型事实”，已经被证明与企业成长相关，但对于这种关系的方向并没有得出一致性的结论。

在理论研究阶段，最典型的新古典理论是科斯（1937）的交易成本理论和卢卡斯（1978）的企业成长模型。科斯的交易成本理论指出，企业成长是为了降低交易成本，卢卡斯则指出企业家人才的正态分布决定了企业规模的正态分布。尽管缺乏实证支持，但这些观点受到广泛关注。彭罗斯的企业成长理论主要提出了有关经济增长和特定资源基础的观点，指出企业成长的动力来自管理者的学习效应。同时，著名的“彭罗斯效应”被提出，即增长较快的企业将面临更高的经营成本，从而制约了企业的成长。玛瑞斯的企业管理理论指出，企业规模是影响管理者效用函数的重要因素。对于一些企业来说，企业规模的扩大与利润的增长是一致的，但对于另一些企业，管理者必须在利润最大化和增长最大化之间做出选择（Mueller，1969）。进化经济学理论基于动态的观点来研究选择机制对企业成长的影响。模型指出，企业通过创新发展产生竞争优势，从而获得利润，促进企业成长。企业（或组织）成长的基本理论是，一些资源丰富的小市场会在很大程度上促进企业（或组织）的成长（Hannan and Freeman，1977）。关于企业成长问题，虽然理论界提出了大量的观点，但必须指出，企业成长是一个具有特殊性的复杂现象，企业成长理论尚未形成统一的观点。

一些实证研究主要集中在企业成长的影响因素上，包括企业规模、企业利润、企业效率等关键影响因素。企业规模与企业成长的关系可以追溯到Gibrat规则的提出。Gibrat（1931）指出，企业成长是一个随机过程，否定了企业规模对企业成长的影响。然而，随后的实证研究发现，这种假设不一定适用于所有规模的企业（Hart，1962；Samuels，1965），同时发现利润率和生产效率对企业成长的决定性作用有时很弱，甚至根本不存在（Robson and Bennett，2000；Bottazzi 等，2002）。基于这些关键影响因素的不确定性表现，后来者开始关注其他因素的影响，包括创新、微观因素和行业特征。研究发现，虽然这些因素对企业成长有统计学意义，但对企业成长的整体解释力较弱。Coad（2009）指出，这是由于随机因素在企业成长中起着重要作用。

2.3 产业增长的动力机制

认识产业增长的动力机制是培育战略性新兴产业的前提。特别是我国正处于结构转型期和新兴产业成长初期，正确规划发展路线，制定有效的政策措施，具有十分重要的意义。应借鉴国内外以往产业发展的经验教训，探索实践背后的内在机制，建立合理的发展环境。在此基础上，本章重点介绍了国内外关于产业增长动力机制的研究成果，通过对各种观点的综合评述和系统分析，揭示了这些成果的进展和不足，并据此探讨其对我国战略性新兴产业发展的启示。

纵观国内外现有的研究成果，产业增长的动力机制主要从内部动力和外部动力两个方面进行探讨。内部动力包括自组织和领导企业。本章运用自组织理论阐述了产业增长的动力，主要强调了动力的系统性，这种动力来源于产业的微观基础，即企业、产品、市场和技术四个变量之间的周期性演化过程。作为一个进化系统，每个行业都有自己的成长路径。同时，制度的演进一般是阶段性的，产业增长也具有阶段性特征（项继英，2007）。正是由于这种微观基础的周期性替代，行业经历了萌芽、成长、成熟和衰退四个阶段。随着产业的周期性变化，产业的规模会发生变化，行业内企业的组织结构、组织行为和组织绩效也会发生变化。同时，产业增长的外部动力也非常重要。何亚琼、李毅军和黄体云（1999）以信息产业为例，说明产业增长的动力来自外部。他们首先比较了信息产业与传统产业的本质特征，进而确立了信息产业的"一元论""二元论""多元论"模式。"一元论"模式强调产业增长的动力来自需求的拉动或信息技术的推动；"二元论"模式更加强调产业增长的动力来自需求、技术二者的整合与合作；"多元论"模式则强调产业增长的动力更多地来自有效需求结构、持续全面创新、国际竞争和信任信息全球化四个方面的综合效应。最后的结论认为，信息产业的成长是不同的动态因素相互依存、相互制约，最终形成的有机协调的结果。产业增长的动力既包括促进产业增长的积极因素，也包括抑制产业增长的消极因素，它们以正反馈和负反馈的状态，相互作用，促进行业的发展。同时，在产业增长的过程中，正负因素也在独立发展，当它们重叠时，会出现一边比另一边多的过程。这一过程会在正负之间相互抵消，这反映在行业中，会出现产业周期的周期性特征（陈新宇，2008）。

基于以上研究，产业增长的动力机制主要分为四个方面：市场需求演进、技术创新驱动、要素投入变化和产业政策变迁。

2.3.1 市场需求演进

关于市场需求对产业增长的促进作用，Funk（2003）考察了日本、美国、韩国等多个国家移动互联网的发展和演进历程，研究发现不同的市场需求会导致新兴产业的不同发展模式，这进一步强调了市场需求的作用。因此，新兴产业是在技术进步和需求扩张的双重作用下形成的，二者共同影响着新兴产业的增长。同时，国内学者周新生（2003）认为，利益驱动是产业兴衰的驱动力，而经济需求不是产业兴衰的最终驱动力，只是条件之一。利益驱动的力量和规模是产业兴衰的根本原因。针对当前国内市场需求中存在的问题，吴晓青（2010）认为，新兴产业产品的市场需求存在不明显、不确定、不活跃的缺陷。为找出症结，吴鹤泉（2010）指出，科技成果转化主体不明确是一个重要原因。肖兴志（2011）认为，其根本原因在于研发、生产、中介、需求等制度性障碍没有解除。对于市场完善的建议，国内现有的研究可以概括为两点：第一，加大支持企业进入创新产品市场的力度。杨继瑞（2009）认为，由于政府对产品和服务的消费是市场上最大的内需和最好的启动消费方式，因此需要加强政府采购和物资储备，以支持新兴工业产品和服务，完善相关制度和运行模式，拓宽新兴产业的空间和市场渠道。第二，商业模式创新。赵刚（2010）认为，具体的商业模式创新措施包括三个方面：一是梳理改革现有科研体制，促进政产学研相结合；二是充分发挥行业协会和中介服务机构的作用；三是营造以金融引导和资本市场为主体的金融环境。

2.3.2 技术创新驱动

关于技术创新对产业增长的驱动作用，国外已经形成了比较成熟的理论体系。这些成就来自经济学家对技术创新和产业演进的探索。弗农（1966）的产品生命周期理论揭示了新兴产业是产品生命周期不同阶段积累的各种创新行为的结果。也就是说，随着产品的成熟，企业的创新重心将从产品创新转向工艺创新，从而催生新的产业。在此基础上，Krugman（1984）将技术进步引入贸易管制的理论模型，发现世界贸易格局是由不断的技术创新和技术转移决定的。发达国家要想占据创新优势，实现国际贸易的动态平衡，就必须继续进行技术创新，这将导致全球科技革命，推动各国主导产业模式的形成。技术进步的不断积累又一次催生了新兴产业。

熊彼特（1912）认为创新是生产要素的重组。所谓“经济发展”，就是以潜在利润最大化为目的，不断实现这种“新组合”的结果。其特点是强调生产技术和生产方式创新对工业和社会发展的作用。根据康德拉季耶夫的长波理论，生产力的发展周期是由科学技术的发展周期决定的。在由科学原理、技术原理和应用技术三个层次构成的科学技术体系中，前者通过对后者的改造实现自我超越，从而促进了科学技术的创新和生产力的发展。Freeman（1997）研究了1920—1970年间62项创新的发明时间和大规模商业应用时间，结果表明，各项技术在新技术体系中所占比重呈S形增长，因此整个新技术体系对经济增长的影响也呈现出一定的规律性，且各过程的S曲线叠加。从上述理论可以看出，新兴产业的形成过程是生产要素和生产条件的再组合，而实现这种结构调整的路径是科技进步及其对实体经济的影响。

国内关于技术创新作为产业增长动力机制的讨论主要有：林毅夫（2002，2004）认为技术创新对一个地区的要素禀赋结构有重要影响，而最适宜的技术结构是由其要素禀赋结构内生决定的，表现为技术结构与要素投入结构相一致。在技术突变条件下，马尚平和张世龙（2004）研究了产业生命周期，指出产业发展升级的关键是新技术的推广与应用。不同的技术进步方式会使产业生命周期呈现出不同的特点。根据佩雷斯的技术经济范式理论，贾根良（2009）和朱瑞波（2010）认为，金融危机将带来技术革命的扩张，主导技术、主导产业和新技术范式将扩展到整个经济和社会系统，并实现匹配技术供给、产品生产和市场需求。在这种环境下，新兴产业将应运而生。王忠拓（2005）对高技术产业发展中的系统集成创新进行了研究，指出系统集成创新是促进高技术产业发展的重要途径。

针对当前国内产业增长中存在的技术支撑问题，吴晓青（2010）和肖兴志（2011）指出，企业规模小、研发能力不足、鼓励和保障科技创新的政策不到位，导致科技创新动力不足，自主创新与企业掌握产业链高端核心技术的难度增强。对此，许多学者对如何提高技术支持进行了探讨。雷家祥（2009）指出，我国高新技术供给遇到了严重问题：我国许多高新技术产业部门长期以来高度依赖发达国家。一些外国投资者以不同形式收购高新技术企业，其中部分得到了中国政府的政策支持或大量投资，这一方面有利于国家发展，另一方面也使中国在一些高新技术领域受到他人的严重控制。而我国开发的一些高新技术则在商业理性的理念下被外国企业掠夺。这一组问题应该引起政府高层的重视。赵刚（2010）呼吁中国在这个问题上应坚持自主创新，如果在技术上仍然依赖外国，最终只能成为一个制造大国，一方面不能享受到高端利润，另一方面也会陷入恶性循环。

2.3.3 要素投入变化

至于要素投入对产业增长的拉动作用，从要素整合和布局调整的角度来论证其作用的研究较少。姜晓娟（2007）指出，中国已进入对外开放的新阶段，资本等要素开始形成从单向流入到双向流动的格局，企业在全球配置资源的能力增强，国内经济与外部经济的互动更加复杂。因此，在这种背景下，如何通过国际合作加快新兴产业的发展无疑是学者关注的另一个焦点。对此，金方（2004）研究了跨国公司在华投资对中国产业发展的影响，发现专利制度的缺失或不完善正成为制约跨国公司在华利用先进技术和生产主导产品的关键因素。因此，建议国家立法在技术流保护、专利发明权保护、国际环保标准执行等方面进行完善，形成国际化、高标准的投资立法框架，全面营造有利于国内外智力资本积累和企业专利投资的法律环境。针对贸易壁垒高的问题，建议我国企业通过与跨国公司进行生产匹配或转包生产，借助跨国公司内部整合网络，规避产业进入壁垒。

在此基础上，李培（2008）研究了并购对中国新兴产业发展的影响。他认为，并购可以促进先进生产要素向我国战略性新兴产业集聚，为相关国有企业建立现代企业制度提供条件，促进我国产业结构的升级。但稀缺的先进生产要素通常由跨国公司拥有，并购后的主要要素收入仍被跨国公司占据，虽然并购有利于产业技术进步，提升相关产业的国际竞争力，但并购形成的垄断势力严重制约了我国企业和行业的生存和发展。在此基础上，本章从政府规制、产业政策和企业发展三个维度提出对策：在政府规制层面，应完善外资并购立法，加强对我国新兴产业外资并购的政府规制；在产业政策层面，应根据WTO规则，制定支持我国战略性新兴产业发展的产业政策；在企业发展层面，应制定相关产业政策，鼓励企业进行自主创新，做大做强。

对于要素投入的改进建议，国内主要从金融政策的角度进行研究，包括加大政府的支持力度及引导、创新扶持的方式、设立专项资金、实施国家重大科技项目、奖励购置高端技术装备的企业、加强政策绩效考核等。

国内相关研究始于20世纪90年代末，谭汝勇（1999）对1993—1998年的季度数据进行了检验，研究发现中国金融中介与产业发展之间存在显著的相关关系。段群（2009）基于国内金融体系与装备产业增长率关系的模型框架，提出间接融资和直接融资会通过对产业增长的影响，进而对战略性新兴产业的发展产生深远影响。顾海峰（2010）从政策性金融支持机制和市场化金融支持机制的角度，全面提出了支持战略性新兴产业升级的间接金融政策与直接财政政策设计。其中，政策性金融支持机制下的间接金融政策包括信贷优惠、差别利率和设立新的金融机构；市场化金融支持机制下的间接金融政策包括金融体制创新、优化金融生态环境、完善信贷市场体系；政策性金融支持机制下的直接财政政策包括设立扶持基金和设计主板市场准入机制；市场化金融支持机制下的直接财政政策包括建立证券发行制度、建设信息披露与兼并重组制度、建设多层次资本市场体系等。根据上述理论的成果，肖兴志（2011）结合中央下发的战略文件和相关产业发展报告，对各项政策进行了详细分类和细化，加强了政策建议的可操作性。

2.3.4 产业政策变迁

由于国内外制度的差异，学者对产业政策在培育和发展新兴产业中的作用也存在较大分歧。相比之下，国外成熟的理论体系和长期的理论研究对问题的本质有比较深刻的认识；虽然国内起步较晚，但更有针对性的探索能够更好地反映问题本身的特点。对比国内外的不同观点，探讨二者在分析方法上的异同，对于把握问题的本质，借鉴和运用相关理论解决实际问题有很大帮助。

国外关于产业政策对产业增长影响的基本理论主要有：政策作用机制和中央与地方政府的协调效率。在政策作用机制方面，波特钻石理论认为，生产要素、需求条件、相关产业绩效、企业战略、政府和机遇等六个因素共同影响产业竞争力水平。政府对产业发展的影响主要体现在对生产要素、需求条件、相关产业绩效、企业战略和机遇的影响上。

关于中央政府与地方政府的协调效率，Anthony（1965）对二者的协调效率持否定态度。他认为，地方政府跟随中央政策会产生“羊群效应”，因为地方政府具有利己倾向和晋升偏好，其通过相互模仿和过度发展追求政绩，会导致重复建设、技术不足、投资不足、效率下降、地方保护主义抬头等一系列问题。与 Anthony（1965）的观点相反，Hayek（1945）等经济学家对二者的协调效率持积极态度。他们认为，相比中央政府，地方政府更了解区域资源禀赋和比较优势，能够针对地方经济发展做出更具体科学的决策。上述理论得出的启示是，在发展战略性新兴产业方面，中央的指导方针离不开地方政府的密切配合。地方政府还需要依靠中央政府的支持，找到符合地方资源优势和发展要求的增长突破点。因此，要正确处理地方与中央的关系，不断加强双方的信息交流，以中央的战略部署为依托，加大力度发展地方新兴产业，推动各地产业结构优化升级，为实现国家的长远发展和综合国力的提升做出实质性的推动。

基于以上理论，国外学者长期以来一直在探讨产业政策的作用。

一些学者认同产业政策的作用。Kemp（1964）认为，当新兴产业的私人经济具有外部经济性时，私人边际收益会偏离社会边际收益，产业应该受到政府政策的保护。

Bardhan（1971）在动态框架下分析了开放经济条件下的边干边学效应，从社会角度证明了在学习无边界的情况下，对新兴产业进行补贴是理想的，并给出了最优的补贴机制和时间路径。但缺点是没有考虑知识的跨行业和跨国溢出效应，只考虑单个产业的发展。

此外，Succar（1987）在 Bardhan 的研究基础上进行了扩展，在假设下允许产业的学习效应扩散到其他产业，并发现通过“做中学”得到的跨行业溢出效应不足以成为政府干预的理由。从社会角度看，只有当“做中学”的产出流现值超过补贴流现值时，政府干预才有意义。Reding（1999）对内生增长框架下的动态比较竞争优势进行了分析，认为一个国家过分关注当前的比较优势只能获得静态的贸易收入，这将导致长期的动态福利损失。产业政策的实施，可以有效发展具有巨大增长潜力的产业，提高社会整体福利水平。Howard（2000）对1997年亚洲金融危机中受影响最大的两个国家韩国和日本的产业政策进行了深入研究，发现产业政策并不像广泛认为的那样，是危机的起因，相反是危机后推动经济增长和投资效率的重要力量。

Hausmann和Rodrik（2003）认为在自由放任的条件下，最优的结果是所有企业最终都会挤入效率较高的行业，导致其他低效率行业由于缺乏企业进入而得不到回报。因此，政府有必要扶持一些新兴产业来解决这一进退两难的问题。

当然，相当多的学者不认同产业政策的作用。Baldwin（1969）认为，如果一个行业的单位成本在保护期后下降，并且贴现收益大于先前发生的成本，那么该行业的企业可以完全在资本市场融资而不受保护。Hoff（1997）认为，新兴产业的初始进入者会使后进入者受益，因为初始进入者提供的信息减少了后进入者的不确定性。这些产业是否需要补贴取决于其外部性程度。信息壁垒越高，最优补贴水平越低。因此，最后的结论是，并不鼓励对新兴产业进行补贴。

对于产业政策在新兴产业发展中的作用，国内学者普遍认为，发展中国家的产业政策对促进产业发展具有积极作用。同时，在市场经济体制下，随着行业的不断发展，政策作用的重心将逐步转移，市场机制的作用也将相互转换。因此，国内研究的贡献主要体现在两个方面：产业政策的对象和角色演变。

刘成、顾强和董瑞卿（2011）从行动对象的角度得出政策的基本功能可以概括为五点：弥补市场失灵、促进资源优化配置、促进企业有效竞争、引导产业技术升级、科学优化产业布局。朱迎春（2011）进一步将这些功能归纳为引导、激励、服务和规范四种形式。其中，引导作用表现为：制定规划和执行规划，引导产业发展方向；提供资金支持，进一步降低风险，引导企业进入新的发展领域。激励效应表现为：实施财税优惠政策、支持研发和刺激消费；制定政府采购政策，刺激扩大国内市场对新兴工业产品的需求。服务功能包括：制定具体的人才政策、支持基础研究和共性技术研发、完善中介服务体系、加强基础设施建设等。规范的作用包括：建立健全完善的法律体系，为产业的健康发展提供法律保障；制定知识产权保护战略，使产业的发展环境公平公正；建立完整的技术标准体系，争取国际竞争的话语权。此外，徐宪春等（2011）进一步强调，在推进结构战略性调整和优化转型过程中，要运用国家的支持政策积极介入收入分配的调整，刺激企业主动参与和创新，从而改变不可持续发展的外向型发展模式，最终实现经济、社会、环境的协调和可持续稳定发展。

从角色演进的角度看，产业政策在不同阶段发挥着不同的作用：在新兴产业的起步阶段，培育缺乏竞争优势的弱势产业，加大对其的扶持力度，促进其快速发展；在新兴产业的成长阶段，确立科技管理体制，通过激励政策促进新兴产业的发展，加强市场环境建设；在产业的成熟期，落实培育、扶持、补贴、保护新兴产业等各项政策措施，结合高新技术产业发展要素，推动和引导战略性新兴产业的发展。

此外，根据我国的实际情况，由于新兴产业培育初期技术和体系尚不成熟，以重点有限、循序渐进为原则，争取在具备基本条件的重点领域实现突破；对于处于中期阶段的新兴产业，要力争实现突破，充分利用高端技术，做好攻关共性关键技术和转化成果工作，推动七大类产业相互协同，共同推进；对于成熟的新兴产业，要考虑不同产业的融合发展，通过整合资源、延伸产业链条、调整结构、优化布局，加强新兴产业发展与传统产业升级的互动，从而提高行业整体水平（肖兴志，2011a）。针对政府与市场的角色转换，短期以政府支持为中心，长期以市场为主导。换言之，政府需要支持新兴产业起步发展。伴随着企业的发展，新兴产业的内生机制已经初步形成，外部环境逐步优化、改善、稳定，市场机制将继续发挥主导作用并长期存在（肖兴志，2011a）。

此外，还有很多学者在理论基础上对其他国家的实践经验进行了对比分析和考察，这些文献以及研究结论对中国现阶段如何发展战略性新兴产业具有很强的指导和借鉴意义。

（1）日本的“科技创新立国”

日本制定实施“科技创新立国”政策，通过对信息产业和新能源产业的扶持，这些产业的产值得到了飞快的增长。但部分日本经济学家认为，日本经济的成功主要原因在于完善的市场体系，而不是政府制定实施的产业扶持政策。

（2）韩国的政府强制战略

韩国政府在宏观层面上引导新兴产业发展，随着经济环境的波动变化适时调整，促进文化产业、半导体和平板显示等新兴产业快速发展。但是，韩国一直将长期的经济增长作为第一战略目标，这使得其经济增长具有“政府强制”的特点。

（3）美国的隐蔽性战略

美国实施相对隐蔽的培育新兴产业政策，有力地促进了信息产业的发展，以及以信息产业为主的产业结构的升级。然而，社会的多元化、分权的政治体制和分权的决策条件影响了这一隐性产业政策在美国的实施效果。

（4）欧盟的经验

欧盟一贯重视通过产业政策促进新兴产业发展。一批与新兴产业相关的培育计划的制订和实施，极大地提升了区域新兴产业竞争力。但由于欧盟政策的针对性强，成员国需要实现政策的互补，因此大量原本用于扶持新兴产业的金融资源被用于补贴“夕阳产业”，造成资源错位。

以上国内外研究成果表明，产业政策对新兴产业的发展具有重要作用。这些成果主要集中在作用对象、影响机制、产业政策角色演变、中央与地方政府协调效率等方面，为推动相关领域的研究奠定了基础。同时，以往研究也存在如下局限性：

第一，从研究范围来看，政策出台较晚导致了对政策效果和改进措施的分析不足，研究还处于起步阶段。第二，从研究深度来看，现有文献普遍具有政策性强、理论基础薄弱的特点，由于缺乏严谨的理论支撑，结论的科学性和客观性难以保证。第三，在研究的针对性层面，以钻石模型为代表的影响机制理论在西方国家更具针对性，由于制度结构、产业基础、发展水平和发展方向的差异，中西方国家的新兴产业必然会有不同的发展模式。因此，我国迫切需要建立一套符合自身国情的理论体系。第四，在研究的精细化层面，关于政府政策切入点和方向的观点仍然模糊，具体策略的探索难以继续，特别是在政策资源相对稀缺的情况下，这些资源很难渗透到战略性新兴产业的各个领域。

那么，如何选择某个重点领域，从而进一步实现率先突破，并尽快形成竞争优势？怎样最大程度发挥重点领域的优势、带动其关联产业的发展？这些都是需要进一步研究的问题。

2.4 产业成长周期

2.4.1 传统的产业生命周期理论

如前所述，产业生命周期[①]是产业增长内涵的核心。任何一个行业的成长都与其生命周期密切相关。虽然不同类型产业的阶段划分、增长速度和增长绩效各不相同，但会呈现出一般生命周期的特征和增长轨迹。

产业生命周期可以看作产业相对或绝对的兴起和衰落过程。广义的产业增长贯穿产业生命周期各阶段。狭义的产业成长阶段则是整个产业生命周期中最重要、最关键的阶段，其发展速度和特点决定了整个行业的发展方向、未来的规模和产业效益。因此，应该对产业生命周期理论及其对产业增长的影响进行研究。产业生命周期理论是现代产业组织理论中的重要分支，它主要解释单个产业的演进过程。在单个产业的演进过程中，产业内的厂商数量、产品的产销和技术创新在各个阶段都会表现出不同的规律，以及不同的行为模式和特征。各行业的这一规律具有共性，表现为行业生命的周期性特征。

从微观层面的演进角度，产业生命周期描述了产业从新生到成熟的演进路径，包括产业演进的整体行为模式和不同发展阶段的行为特征。虽然各个行业的成长过程并不完全相同，但会呈现出一个普遍的特征，即存在典型的生命周期增长路径。根据产业在整个产业中的比重及其增长速度的变化，可以划分出产业生命周期的不同阶段。一般来说，一个产业的生命周期可以分为形成期、成长期、成熟期和衰退期四个阶段，

① 产业生命周期的概念是在产品生命周期理论的基础上发展起来的。产品生命周期理论由美国经济学家Vernon（1966）提出，并由Wells（1972）加以扩展。

构成了一个产业完整的发展过程。

国外学者对产业生命周期理论的研究大多以实证分析为基础，并在一定程度上阐述了单个产业发展的内在规律。关于新兴产业增长的阶段性特征，Gort和kleper（1982）认为，产业的发展一般经历引进、成长、成熟和衰退四个阶段。随着各个阶段的演进，企业数量、产品品种、市场规模、产业利润、对经济增长的贡献将由小变大，再由大变小。这一理论对我国战略性新兴产业培育的启示有以下三点：

第一，我国许多传统产业已进入了衰退期，培育新兴产业、优化产业结构、促进经济增长是首要任务；第二，战略性新兴产业正处于引进阶段，不可避免地面临企业数量少、产品品种单一、市场狭窄、产业利润低、对经济增长贡献小等问题；第三，在培育得当的情况下，战略性新兴产业将会从引进阶段进入成长成熟期，各方面问题将逐一得到改善。此外，Witeriongs和Boschma（2002）发现，新兴产业在空间上最初是随机的，但当一个国家或地区首次建立新兴产业技术标准时，其在地理、经济、技术等方面会获得先发优势，产业自然会向这些国家或地区集中，世界新兴产业的发展将以这些国家或地区为核心向外扩散。

进入21世纪以来，国内对产业增长问题的研究开始兴起。卢国庆（2001）系统地研究了产业增长的相关问题，对产业兴衰的过程、特征和形成机制，以及产业生命周期阶段和衰退产业的认定进行了详细的分析。研究发现，需求变化、人口、政策、制度、分工、技术和供给等因素可以通过相互作用共同推动产业的演进。鲍志强（2000）对新经济条件下的产业生命周期进行了分析，指出产业生命周期具有由特定产品群组成的产品生命周期和由技术体系组成的技术生命周期的共同特征。李武伟和王慧敏（2002）关注了21世纪国际工业发展的新趋势，他们认为，这一趋势是由产业发展的内在规律、科技创新、全球竞争、产业政策等因素共同推动的，表明产业正朝着民族化、一体化、生态化方向发展。

同时，李靖华和李海波（2002）基于G-K模型和中国彩电行业数据的实证分析，得出了中国彩电产业的生命周期。史忠良和何维达（2004）对产业兴衰转型的政策选择、企业数量变化率与产业生命周期阶段的关系进行了定量分析。刘凤超、王元迪和潘雄峰（2004）以辽宁老工业基地为例，详细分析了老工业基地的知识增长结构和产业发展趋势。在分析中，结合产业的周期性特征，从知识增长的角度，提出了老工业基地产业结构调整的政策建议，最后预测了老工业基地新的经济增长点。

此外，黎志成和左相国（2003）分析了产业生命周期和产业增长速度的特征，认为产业生命周期与产业增长速度存在反向关系。张会恒（2004）分析了产业生命周期与产业增长速度的关系，认为研究产业生命周期具有重要意义。马尚平和张世龙（2004）则主要研究技术突变条件下的产业生命周期，指出产业发展以及升级的关键在于新技术如何推广和应用，不同的技术进步模式使产业生命周期呈现出不同的特点。李凯、代丽华和韩爽（2005）基于产业生命周期理论，结合发达国家钢铁工业产业的数据，根据增长曲线模型，结合类比，对我国钢铁工业的生命周期进行了分析，并对我国钢铁行业的极端点时间和拐点时间进行了预测。

通过回顾文化产业产生和发展的历史脉络，尤芬和胡惠林（2007）在经济长波理论的基础上指出，文化产业也有一定的长波周期。文化产业发展的周期性波动会受到经济长波的影响，而经济长波实质上是由科技革命带来的一系列技术发明创新推动的。一个行业的生命周期总是由产品和技术的生命周期来代表，在一定程度上，产品和技术的生命周期也决定着一个行业的生命周期（陈心宇，2008）。

总之，现有的产业生命周期研究大多采用产品生命周期模型来解释产业增长的周期规律，这种判断一方面太过简单、抽象，不能充分考虑技术进步及其模式差异对产业发展的影响；另一方面也未能充分揭示产业发展的周期性规律，这也是后续研究中需要进一步改进的地方。

2.4.2 基于S曲线的阶段性产业成长速度分析

第一位研究工业极端增长率的学者是荷兰经济学家Van Duin。20世纪70年代，他首先提出了用创新生命周期解释长期波动的长波理论。该理论以熊彼特的技术长波理论为基础，提出任何基本的技术创新都必须经过四个阶段：第一阶段是基础技术创新的初级阶段，其主要特点是对原产品、原技术的投入虽然日益减少，但新产品、新技术的出现却没有得到认可；第二阶段是基础技术创新的扩散阶段，在该阶段，新产品、新技术开始得到社会广泛认可，投资利润丰厚，并逐步形成新的产业部门；第三阶段是基础技术创新的成熟阶段，该阶段是新兴产业发展的高峰；第四阶段是衰退阶段，以新兴产业饱和为特征，并伴随着能源生产过剩以及投资规模的萎缩，上一阶段的新产品和新技术则开始过时。

Van Duin的理论认为，由于中观经济层面的创新生命周期存在四个阶段，影响到宏观经济层面的长期波动也存在与之相应的四个阶段，即复苏、繁荣、衰退和危机。繁荣与衰退共同构成长波上升阶段，危机与复苏则共同构成长波衰落阶段。一般来说，基础技术创新的萌芽期在20年左右，扩散期在20年左右，整个生命周期基本持续半个世纪甚至更长一些。

结合上述产业周期的特点，Van Duin进一步描述了产业增长轨迹的粗略模拟图，并假设生命周期轨迹为S曲线，这种S曲线轨迹即工业生命周期的一般演化模型。在实践中，由于各行业的具体情况不同，S曲线框架下的增长轨迹会发生变化和出现差异，呈现出的S曲线增长模式也会有所不同。到目前为止，国内外学者通过借鉴多个相关领域的模型，将产业增长轨迹大致划分为逻辑曲线、戈珀兹曲线、限制性指数曲线和对数抛物线。根据不同的工业增长条件，这些曲线近似地描述了工业增长的轨迹，而哪条曲线最可靠则取决于研究对象的实际情况。

虽然这些曲线比一般的S曲线框架更为详细，但这些曲线仍然是抽象的表达式，比工业增长的实际情况简单得多。在行业的实际增长过程中，不仅会出现一些不可预测的阶段，每个阶段还会细分成许多子阶段，而目前几种类型的增长曲线很难与这些阶段实现完美契合。然而，S曲线描述了工业的一般增长过程，解释了工业增长的基本形式。从S曲线的形状可以看出，一个行业并不能总是保持高增长率，因为在一定时期内，社会对一个行业的需求是有限的，相关的投资和资源禀赋也是有限的。因此，行业的增长有一个上限，它控制着该行业各个阶段的增长速度。

向吉英（2007）以S曲线理论为基础，探讨了特定产业增长路径的特殊性，将产业划分为形成期、成长期、成熟期和衰退期四个阶段：

第一，在产业形成期，产品品种单一、质量差，产品处于基础设计阶段。此时厂家少、产品成本高、利润薄，市场对产品的接受度不高，潜在的销售目标一般是具有较高收入和追求领先的消费者。作为一个新兴产业，需要市场的检验。首先，要发展市场，就需要投入大量资金进行产品宣传；其次，要不断完善产品和进行技术创新。因此，现阶段对营运资金和固定资本的需求量很大，经营者大多处于亏损或微利状态。如果这个行业不能满足市场的需要，就很难继续发展并上升到高级阶段。但由于它有成功的可能性，因此对风险投资最具吸引力，风险投资一般在这一阶段进入较多。

第二，在产业成长期，产品开始有了统一的标准，质量体系基本建立。消费者也基本接受了产品，消费的示范效应将导致消费者的抢购。

然而，消费层次不同，产品在技术和性能上也大不相同。此时生产方式已转变为大规模生产，由于产品紧缺、利润率高，行业处于追加投资的良好时期。因此，大量的投资者和企业纷纷加入，使得行业规模迅速扩大，增长曲线处于陡峭上升阶段。行业对宏观经济波动的敏感性较低，基本独立于经济周期，呈现快速增长态势。

这一时期，销售量和利润率的增长速度超过了其他行业的平均水平，刺激了大量投资者进入这个行业。因此，高于平均水平的增长率将逐渐被稀释，直至又回到平均水平，最后行业进入成熟阶段。

第三，在产业成熟期，产业具有以下特点：首先，产品标准化程度非常高。产品价廉物美并且已经饱和，主产品已非常普及，旧产品开始出局。其次，产业增长规模稳定发展，市场结构初步向垄断竞争或寡头垄断过渡，市场中制造商数量相对稳定，集中度提高。再次，该行业开始出现产能过剩问题，此时竞争采取多元化的战略。在品种、性能、质量方面都存在竞争，尤其是价格竞争加剧。整个行业平均利润率降低，使得投资者进入减少，行业的产量增长缓慢或者持平。最后，在投资方面，主要以研发和人力资本这些软投资为主。

第四，在产业衰退期，产品性能并没有大的差别，但由于价格竞争，产品质量却有所不同。市场需求和价格持续下降，大量产品出现产能过剩，企业亏损导致一些企业退出行业。另外，行业并购频繁也导致产业集中度进一步提高。

此外，基于长波理论，国内学者开始分析进入21世纪以来的阶段性工业增长速度。黎志成和左相国（2003）将一个产业的成长过程分为四个阶段：引进期、成长期、成熟期和衰退期。通过定义产业增长周期的起始时间和结束时间，定义了整个产业增长周期的各个阶段，论证了增长周期与增长速度之间存在反向关系；并从产业的引进状态和代谢机制出发，探讨了决定产业增长速度的主要因素及其对产业增长速度的制约作用。刘戒骄（2003）则根据产业生命周期演化规律，研究了产业生命周期不同阶段的经济特征及其对企业竞争力的决定性作用。他认为，新的技术路线、新的产品设计理念、新的营销手段和新的服务理念是企业提高自身竞争力的几个重要因素，对未来各阶段的发展速度和增长率也进行了更详细的探讨。

2.5 新兴产业成长中的结构转型与产业升级

关于结构转型、产业升级与新兴产业增长的关系，西方国家早在20世纪40年代就开始研究，并形成了一系列相关的基础理论和专题文献。这些成果所反映出的客观规律，既符合西方国家的实际，也可以用来指导中国的发展实践。在基础理论研究方面，产业结构理论和技术经济范式理论从不同角度论证了发展新兴产业是促进宏观经济发展、增强国家竞争力的重要途径。

Clarke（1940）将产业结构的演变分为七个阶段：农业、轻纺工业、重化工业、低程度加工业、高加工装配业、第三产业和新兴信息产业。按照这一分类，美国和欧洲等发达国家和地区已经进入了以新兴信息产业为主的发展阶段，而我国还处于从加工业向第三产业和新兴信息产业转型的阶段。因此，应尽快培育以新兴信息产业为代表的新兴产业，缩短与发达国家的差距。Perez（2002）指出，金融危机爆发后，技术进步带来的新范式将在政府政策的影响下在社会生产中得到充分发展，并将再次出现高速增长。

近年来，国内学者在借鉴国外理论的基础上，对结构转型、产业升级与新兴产业增长的关系进行了大量的研究，并就如何促进科技创新、优化产业结构等问题提出了许多切实可行的建议，以实现经济发展方式的转变和经济社会的可持续发展。刘金友等（2001）通过对A-U模型的改进得出结论，实现产业跨越式发展的关键是随时关注产业技术的发展趋势，瞄准主导设计可能的发展方向，努力推出领先设计，掌握主动权。芮明杰（2006）根据当前国际产业分工体系的特点，在原有钻石模型的基础上增加了“创新能力”，认为结构调整要以提高效率为重点，用高新技术改造传统产业，提高传统产业效率。陈家贵（2005）发现，中国经济现代化进程已步入由工业经济大国向工业经济强国转变的新阶段，这种转变要求我们重视战略技术的自主创新，同时进一步加大对基础科学研究领域的投入。

厉以宁（2011）在展望未来5年中国经济时也指出，自主创新是当时中国经济实力的重要表现维度。周淑莲和王延忠（1999）发现，中国工业经济进入了买方市场初步形成的新阶段，面临产业结构升级的艰巨任务，加上国际竞争的加剧，要求必须正确处理经济增长速度与效率之间的关系，以及扩大内需与提高工业经济竞争力的关系，而在此情况下，产业“升级”与“补短板”的关系，是当前和今后发展阶段中需要关注的重大问题。

另外，关于产业结构升级在后金融危机时代的作用，金碚和吕铁等（2009）指出，短期内我国工业发展面临出口结构优化和产业升级的压力，但长期来看仍有很大空间。如何建立层次多元化、结构整体化的工业体系仍是工业发展的长期任务。2011—2030年将是中国社会经济发展的又一个重大转折期间，中国将通过推进工业化和工业现代化进程，以及改造传统产业、发展新兴产业，促进产业结构的优化和调整升级。金碚、张其仔和原磊（2011）提出，后金融危机时代，我国工业经济增长速度和增长机制将体现出新的特征：一是工业经济将整体进入低速增长阶段；二是产业升级将会成为产业增长的重要推动力；三是后金融危机时代我国工业增长将呈现出一些新特点，朝阳产业与夕阳产业界限模糊；四是产业转移速度将会进一步加快。因此，国家应降低产业增长预期，促进产业结构优化升级，鼓励企业进行兼并重组。

从实现经济发展方式转变，以及推动经济社会可持续发展的角度来看，国内学者普遍认为，培育和发展战略性新兴产业将会是未来的必然路径（王忠宏，2010；石光，2010；肖兴志，2011）。具体来说，从增强国家竞争力的角度看，发展战略性新兴产业是增强自主创新能力、抢占科技制高点的重要机遇；从拉动增长和就业的角度看，战略性新兴产业市场需求量大，是促进我国经济增长、扩大就业的重要推动力量；从改善民生的角度来看，要转变发展方式，将发展战略性新兴产业视为实现内生增长的重要手段；从优化能源消费的角度来看，发展战略性新兴产业则有利于提高能源利用效率，促进能源消费结构的整体多元化，并有效促进区域能源消费结构的优化和动态调配，促进能源资源整体的市场化进程。

由此可见，尽管新兴产业在我国结构转型期的增长刚刚起步，但对其增长规律的研究已经丰富并且深入，为其理论发展和实践探索提供了丰富的依据和参考。这些规律的总结和提炼不仅有助于转型期新兴产业的成长，也有助于管理者和政策制定者通过比较实际情况与理性状态之间的差距，主动采取应对措施，并使差距所引发的问题得到及时有效的解决。

3 我国战略性新兴产业发展现状

3.1 中国各地区战略性新兴产业发展评价

3.1.1 产业区域分布

基于数据的科学性、可比性和可操作性等原则，本章选取中国31个省、自治区和直辖市（不包括港澳台地区）的数据作为战略性新兴产业地区发展的评价单元。①将全国一级行政区域划分为七大区域，整体呈现自东向西、自南向北递减的趋势。战略性新兴产业公司数占比从高到低依次为华东、华南、华中、华北、东北、西南、西北，比例依次为46.72%、22.70%、8.99%、8.39%、5.57%、5.57%、2.06%。

① 鉴于战略性新兴产业和高技术产业在范围定义上有较大的重叠，且特征类似，综合考虑数据的可得性和合理性，本章分析数据采用由国家统计局、国家发展和改革委员会、科学技术部共同编撰的《中国高技术产业统计年鉴（2019）》来评价中国战略性新兴产业的地区发展水平。

3.1.2 发展规模评价

本章采用2018年地区总资产和从业人员平均数来衡量我国战略性新兴产业的发展规模，研究显示，各省份战略性新兴产业的发展规模存在显著差异。其中发展规模最大的为广东省和江苏省，利润总额分别为2 342亿元和1 784亿元，从业人员平均人数分别为389万人和222万人，两个省份的利润总额合计占全国战略性新兴产业利润总额的比重高达40.09%，从业人员合计所占比重更是高达46.38%。而规模较小的宁夏和青海等省区利润总额仅为10亿元，从业人员人数1万人，规模最小的西藏利润总额仅为4亿元，与发达省份相比悬殊。2018年各省份战略性新兴产业发展规模情况见表3-1。

表3-1 2018年各省份战略性新兴产业发展规模情况

地区	平均用工人数（人）	利润总额（亿元）	企业平均资产规模（万元）	地区	平均用工人数（人）	利润总额（亿元）	企业平均资产规模（万元）
全国	13 176 645	10 293	3 066	湖南	371 352	233	1 851
广东	3 891 065	2 342	2 747	天津	186 944	157	3 473
江苏	2 219 628	1 784	3 663	吉林	76 582	142	4 104
浙江	774 152	754	2 707	河北	197 180	125	1 923
山东	614 533	600	3 033	广西	126 930	108	3 042
福建	431 427	450	4 478	云南	60 909	108	4 252
北京	261 216	401	5 019	贵州	127 116	74	1 558
四川	516 303	378	2 946	山西	153 374	61	3 588
上海	487 401	368	3 583	黑龙江	53 908	44	2 821
河南	623 599	355	3 161	海南	19 683	36	6 429
江西	456 463	337	2 582	甘肃	28 734	33	2 773
湖北	358 114	304	2 676	新疆	16 663	28	5 385
陕西	257 504	281	4 707	内蒙古	36 616	21	2 258
安徽	325 467	255	1 751	青海	11 857	10	2 273
辽宁	157 191	246	5 395	宁夏	16 407	10	2 326
重庆	316 955	245	3 520	西藏	1 372	4	5 000

进一步采用地区营业收入与企业数的比值对全国各地区战略性新兴产业的企业规模进行衡量。数据显示，我国2018年战略性新兴产业的企业平均资产规模为3 066万元。从各地区数据来看，我国各地战略性新兴产业的发展规模存在较大差距，其中企业平均资产规模最大的为海南省，

地区企业平均资产规模高达6 429万元，其次为辽宁和新疆，平均资产规模分别为5 395万元和5 385万元；总体发展规模最大的广东和江苏，其企业平均资产规模并不大，仅在3 000万元左右；而企业平均资产规模较低的湖南、安徽、贵州等省份的企业平均资产规模不足2 000万元。

图3-1进一步比较了全国七大区域的战略性新兴产业的总体发展规模和企业平均发展规模。数据显示。总体发展规模最好的为华东地区，利润总额高达4 548亿元，与位居第二位的华南地区相差2 062亿元，总体规模最小的为东北和西北地区，利润总额仅为432亿元和362亿元，分别为华东地区总资产的9.50%和7.96%。然而从企业平均规模来看，东北地区单企利润高达4 509.39万元，位居全国首位，西北地区为4 233.92万元，仅次于东北地区，而华南和华东地区虽利润总额较大，但单企利润仅为2 782.01万元和3 152.64万元。由此可见，发展规模特征在各地区战略性新兴产业中差别较大，华南、华东地区企业数量多、规模小，而西北、东北地区则企业数量少、规模大。

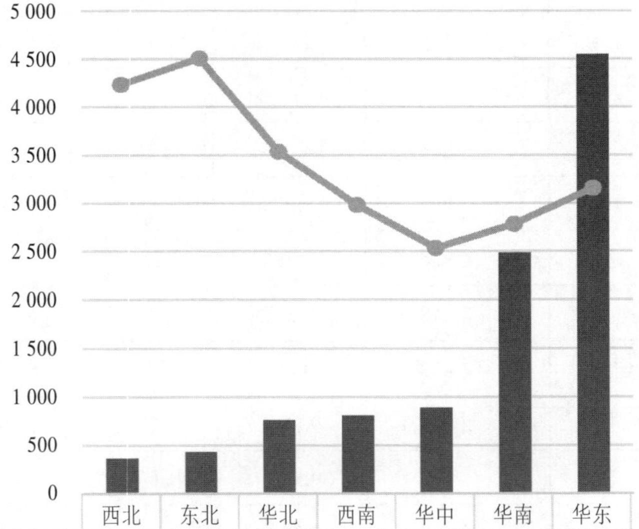

	西北	东北	华北	西南	华中	华南	华东
利润总额（亿元）	362	432	765	809	892	2 486	4 548
单企利润（万元）	4 233.92	4 509.39	3 535.12	2 978.65	2 535.53	2 782.01	3 152.64

图3-1　全国七大区域的战略性新兴产业发展规模

3.1.3 获利能力评价

从表3-2所示的2018年各地区战略性新兴产业的获利能力来看，各地区存在较大差距。从营业收入来看，广东和江苏2018年营业收入分别为46 747亿元和26 160亿元，两省合计数占全国营业收入总额的46.43%，远超其他省份；而营业收入较低的宁夏、新疆、青海、西藏等地区2018年营业收入不足200亿元。全国各省份营业收入差距较大，不同地区之间的发展存在较大的不均衡。

表3-2 2018年各地区战略性新兴产业获利能力

地区	营业收入（亿元）	销售利润率	地区	营业收入（亿元）	销售利润率
全国	157 001	6.56%	广西	1 439	7.51%
西藏	11	36.36%	江西	4 753	7.09%
吉林	653	21.75%	湖北	4 340	7.00%
新疆	178	15.73%	江苏	26 160	6.82%
云南	710	15.21%	湖南	3 523	6.61%
海南	248	14.52%	安徽	3 996	6.38%
甘肃	237	13.92%	贵州	1 198	6.18%
辽宁	1 825	13.48%	天津	2 667	5.89%
黑龙江	418	10.53%	河南	6 064	5.85%
浙江	7 493	10.06%	四川	6 943	5.44%
陕西	2 847	9.87%	宁夏	186	5.38%
青海	105	9.52%	内蒙古	403	5.21%
山东	6 989	8.58%	广东	46 747	5.01%
河北	1 596	7.83%	上海	7 566	4.86%
福建	5 789	7.77%	山西	1 298	4.70%
北京	5 314	7.55%	重庆	5 305	4.62%

然而从不同省份的销售利润率来看，广东和江苏的利润率分别为5.01%和6.82%，利润率较低，反而西藏、吉林等地区的利润率较高，超过20%，远超全国平均水平。

图3-2进一步对七大区域的营业收入和销售利润率进行比较，结果显示华东和华南地区营业收入均较高，超过4万亿元，其中华东地区无论营业收入还是销售利润率均远高于华南地区，获利能力较强；西北和东北地区尽管营业收入偏低，不足4 000亿元，但销售利润率均超过10%，位居全国前列，获利能力较好；西南、华中、华北地区无论营业收入还是销售利润率均较低，战略性新兴产业在该区域发展相对滞后。

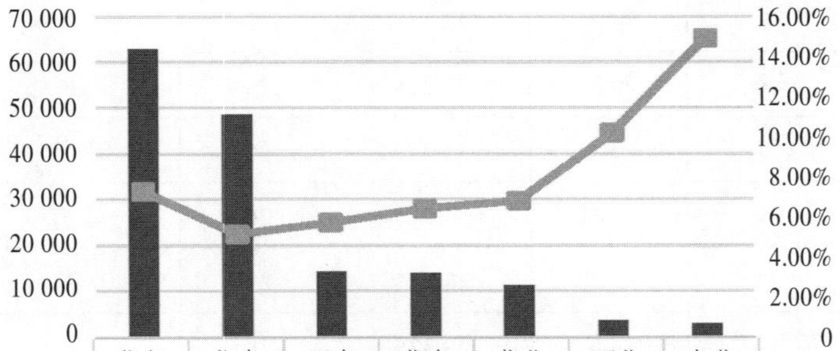

	华东	华南	西南	华中	华北	西北	东北
营业收入（亿元）	62 746	48 434	14 167	13 927	11 278	3 553	2 896
销售利润率（%）	7.25	5.13	5.71	6.40	6.78	10.19	14.92

图3-2　全国七大区域的战略性新兴产业获利能力

3.1.4　成长能力评价

表3-3对2018年全国各省份战略性新兴产业的利润的增长情况进行排序。数据表明，规模和获利能力均较低的山西和青海显示了较强的增长能力，2018年利润较上一年度增长分别高达121.88%和100%，位居全国前列；湖南和广西的利润增长率也较高，分别高达59.57%和49.73%；而资产规模较大、获利能力较强的山东、浙江和江苏等省份近年来利润增长率相对较弱，2018年较上一年度利润增长率在10%~21%；而同样发展规模居全国前列的广东、上海2018年利润甚至出现负增长，分别为-17.88%和-11.62%，表明这两个区域战略性新兴产业发展出现一定程度的饱和。

表3-3　　我国2018年各省份战略性新兴产业的利润增长情况

排名	省份	利润增长率	排名	省份	利润增长率
1	山西	121.88%	17	江苏	13.06%
2	青海	100.00%	18	辽宁	8.87%
3	吉林	70.43%	19	内蒙古	8.68%
4	湖南	59.57%	20	贵州	6.99%
5	广西	49.73%	21	新疆	4.76%
6	天津	42.82%	22	甘肃	3.42%
7	重庆	42.52%	23	黑龙江	-1.47%
8	四川	37.32%	24	陕西	-5.41%
9	云南	34.42%	25	河北	-6.38%
10	江西	34.06%	26	福建	-7.54%
11	河南	28.84%	27	西藏	-9.52%
12	宁夏	28.33%	28	上海	-11.62%
13	北京	25.63%	29	海南	-11.72%
14	安徽	23.42%	30	湖北	-14.01%
15	山东	20.88%	31	广东	-17.88%
16	浙江	18.19%	全国		7.48%

3.2 我国战略性新兴产业成长特征

在战略性新兴产业初步成长的机遇期，地方政府以及企业必须主动出击，密切关注国家政策导向，仔细研究产业发展趋势。以规模、技术、结构三要素为导向并驾齐驱，具体在培育并发展战略性新兴产业的工作中推行“三位一体”的产业培育模式，即：规模成长、技术成长和结构成长。

自2010年国家提出培育和发展战略性新兴产业以来，七大产业规模不断扩大，市场结构进一步优化，自主创新能力持续提升。目前，七大产业的成长路径已初步显现，为政府和企业制订后续工作计划、明确未来发展方向提供了重要的参考依据。无论对于政府，还是对于企业来说，在产业成长的初级阶段做出的决策，在未来会被不断放大，即形成所谓的路径依赖。只有抓住机遇，把握先动优势，才能够在地区竞争、市场竞争中获得先机，从而掌握更多的资源要素，形成产业发展的良性互动；而一旦错失机遇，参与者往往需要以一个新进入者的身份参与竞争，对资源要素的分配，以及进入市场竞争等活动往往会受到限制或被延后。

3.2.1 规模成长特征

中国的战略性新兴产业在国家政策推动，以及市场需求拉动的作用下，具备了迅速发展的条件，总体上产业规模不断扩大。根据国家发展改革委公布的数据，2014年，中国在生物、新能源、节能环保、新一代信息技术等战略性新兴产业领域中的18个重点行业规模以上企业的主营业务收入达到了15.9万亿元，利润总额实现了近1.2万亿元，同比增长分别为13.5%和17.6%，显然高于工业的平均水平。七大细分产业的发展情况见表3-4。

表3-4 2014年战略性新兴产业发展情况

产业类型	发展情况
新一代信息技术	2014年，总量上来看，电信业务规模达到1.8万亿元，增长16.1%。信息消费规模更是达到了2.8万亿元，增长18%。特别是电子商务交易额，全年为12万亿元，增长20%。信息消费拉动相关产业发展的规模为1.2万亿元，占GDP的比重约为0.8个百分点
节能环保	人民币市值以2014年12月12日为准，评估国内77家主营环保业务的上市公司市值，可分为三个层次：100亿元以下的55家，100亿~200亿元的14家，200亿元以上的8家。环保产业已经形成了初具规模的产业集群和相对完善的产业体系

续表

产业类型	发展情况
生物技术	2014年1—4月，生物制药的附属行业营业收入同比增长12.8%，利润总额同比实现增长4.78%。中国生物仿制药品的年销售额增长到4 478亿元，年均复合增长率在15%左右，在全国生物医药销售总额中占比62%左右
新材料	在中国主要的三家稀土产品交易所中，当属南交所稀土产品交易中心最为活跃。截至2014年9月，16种氧化物在南交所稀土产品交易中心的单日交易额已达到千万元级别，南交所稀土产品交易中心成交总额超过31亿元
新能源	2014年1—8月，光伏设备及元器件制造主营业务收入比上年同期提升了14.9%，实现了2 675.3亿元。从2014年全年来看，风电新增装机容量达到1 981万千瓦，累计并网装机容量为9 637万千瓦，创历史新高。风能原动设备制造主营收入同比增长35.2%。2014年全国风电平均弃风率达8%，同比下降4%
新能源汽车	2014年1—10月，新能源汽车累计生产4.7万辆，与上年同期相比，增长近5倍。其中插电式混合动力乘用车生产1.11万辆，纯电动商用车生产5 723辆，同比增长20倍，纯电动乘用车生产2.22万辆，同比增长7倍，燃料电池乘用车生产4辆，插电式混合动力商用车生产7 972辆，同比增长181%
高端装备制造	2014年1—8月，铁路运输设备制造业主营收入2 350.7亿元，较上年同期增长近50.4%；全国铁路已完成投资4 050亿元，比上年同期增长近20%

资料来源：国务院发展研究中心信息网。

战略性新兴产业的规模成长是指在培育产业成长的过程中注意发挥规模经济的作用，尤其注意利用产业集聚优势和范围经济优势，根据产业特点，以及对生产要素的不同需求条件走规模化的发展道路。战略性新兴产业是以资本密集和技术密集为主要特征的产业，产业集聚产生的共享要素、联合劳动、知识溢出等对实现战略性新兴产业发展具有不可比拟的优势。

产业集聚是一个在世界范围内普遍出现的经济现象，如日本太平洋沿岸工业带、美国硅谷电子产业等。中国的产业区域集聚也较为突出，以支撑国民经济发展的制造业举例，其主要分布在东部沿海地区，其中环渤海地区、长江三角洲、珠江三角洲三大工业带占了半数，其产值约占全国总额的70%，在这三大工业带内还存在着分工不同的专业化生产地带（张萃和赵伟，2011）。

基于资源禀赋上的优势、固定成本的规模报酬、专业化的供应商、方便的交通运输、便利的劳动力市场和知识外溢性的外部经济等因素产生了企业空间集聚行为，另外企业集中所带来的地租上升，成为导致工业生产的一般性费用增加的负面因素（Krugman，1991）。从国内外产业发展经验来看，集聚效应在推动战略性新兴产业成长方面发挥了显著作用。集聚效应能够更有效地整合资源、优化产业链结构，进而推动新兴产业的快速发展。

要推动战略性新兴产业实现规模化发展，必须充分利用重点城市及工业园区的集群效应，进而形成规模优势。目前，中国战略性新兴产业已初步形成集聚发展态势，主要集中于长三角、珠三角及环渤海地区，同时，以重庆、四川为代表的中西部地区亦呈现出强劲的发展势头。这种空间集聚不仅有助于发挥规模优势，更能产生知识溢出、创新扩散等正面外部效应。Krugman（1991）认为，工业园区的形成也具有路径依赖的特征，即企业的偶然集中以及集聚所带来的外部经济的不断自我积累和提高，会增强集聚的力量。因此，战略性新兴产业的发展需要充分发挥现有产业集聚区的优势，遵循产业成长的路径依赖规律，以节省产业自发形成集聚区域所耗费的资源与成本，尽快发挥其规模优势。Porter（1990）还进一步强调了政府政策对产业集聚的促进作用以及相关支持性产业的发展。对于地方政府来说，应重视对战略性新兴产业发展起到支持作用的相关产业的集聚，以完善产业成长环境。

3.2.2 结构特征

（1）市场结构与市场准入制度

企业之间存在着充分竞争，特别是大型企业，战略性新兴产业适度集中的市场结构是指一种行业适度集中的，引导并进一步协调大型企业、中型企业、小型企业发展的“寡头”市场结构。由于整个产业处于成长期，相比完全竞争的市场结构，这种市场结构在产业的培育和发展、加强基础设施建设、为科研创新提供资金支持等方面有着不可比拟的优势。魏后凯（2002）认为在规模经济不太明显的行业，集中的幅度应该更小，反之对于规模经济显著的行业，幅度应该更大。在制造业中，CR8区间为45%~75%，CR4区间为35%~65%，或者H指数在500~1 800之间是较为合适的。

经过日积月累的发展，传统产业不管在技术上还是在生产经验上都已经基本成熟，如果对传统产业进行鼓励竞争，可以提高其市场效率。但对于战略性新兴产业来说，情况就不同了，其产业化要素非常薄弱，特别是在国际竞争日益加剧的情况下，为进一步促进我国战略性新兴产业的发展和壮大，需要鼓励龙头企业占据一定的市场份额，拥有稳定的市场地位，促进产业达到统一的标准和拥有较强的国际竞争力。大企业的发展有助于带动中小企业的快速成长，使中小企业向“小规模”方向发展，享受专业分工的好处。适度集中的市场组织建设，有利于促进规模经济的实现和发挥大公司的主导作用，而形成合理的竞争机制，还可以防止因经济力量过度集中而造成资源浪费、创新乏力等问题。

在产业开发的初期阶段，开发战略的垂直整合可以使其优点最大化。我们一方面要合理调整市场结构，另一方面还要鼓励企业并购和重组，以优化行业的过剩的、过于分散的产能，提高抗风险能力和行业规模效益。特别是在新能源、新材料等产业中，垂直整合、并购和重组可以帮助企业提高管理和运营效率，生产整合有助于减少商品流通的中间环节，节约运营成本。另外，对于战略性新兴产业来说，垂直整合对加快引进先进技术和促进产业标准的制定起着重要作用。

鉴于战略性新兴产业沉没成本以及投资风险较大，未来会面临市场投资不足的困境，因此必须适当放宽准入标准，为中小企业和民营企业对战略性新兴产业的投资提供帮助。然而，在推动产业优化发展的过程中，放宽标准并非意味着对中小企业在环保、技术等方面的硬性标准的放宽，而是对那些与产业优化发展不直接相关的进入门槛进行适度调整。这一举措旨在创造一个更加公平、包容的市场环境，促进中小企业在符合核心标准的前提下，更加便捷地融入产业链，实现产业的协同发展。通过优化进入门槛，可以有效激发市场活力，推动中小企业在创新、质量、效率等方面实现突破，为产业的持续健康发展注入新的动力。

另外，在战略性新兴产业发展初期，政府导向容易导致过度进入。考虑到绩效考核和财务激励，政府的主观性和自由度体现在战略性新兴产业的基准进入政策和行政审查等方面，容易导致产能过剩等问题，会对产业的发展产生不利的影响。此外，政府过度深入市场会很难调整剥离出来，会造成更大的损失。为解决准入问题，政府有关部门应充分重视，抑制低层次的重复建设，加强监管。具体实操时，环境监督中可以加入准入准则。建立区域工业规划环评制度，坚持在工业规划环评通过后，才能批准区域内高能耗、高污染项目的上马。未经环评批准的项目，不得开工。加强项目的审批管理和监管，杜绝各级政府资金再去投资产能过剩行业。构建战略性新兴产业信息发布体系，向社会及时公开产业政策走向、产业规模、社会需求、产销量等信息。要充分体现出行业协会的作用，及时反映行业存在的问题和企业发展需求，为企业提供信息服务，还要进一步引导企业和投资者，目的是落实行业发展规划和国家产业政策，加强行业自律，提高行业素质。

产业政策应该广泛吸收社会资本，并进一步促进企业结构的多样化。在鼓励国有企业发展战略性新兴产业的同时，必须兼顾非国有企业和私人资本的投资进入，适当减少对国企的保护力度，在国企和非国企之间建立稳定有序的竞争关系。非国企在公司治理和市场评估方面具有一定的优势，有利于其进入战略性新兴产业部门，并通过市场信号判断竞争的程度，以及在政府主导的战略性新兴产业部门消除过度竞争，从而减少无谓损失。

（2）产业成长与行业标准制定

当前，战略性新兴产业的发展在很大程度上受限于行业标准的缺乏。对于新技术的推动者来说，制定行业标准可以显著增强技术的兼容性和互联性，进而提升产品的网络效应。这将有助于吸引更多的同盟者，形成对技术的正向反馈。掌握行业标准的制定权，对于提高企业的竞争优势至关重要，这主要体现在以下三个方面：首先，企业可以通过对知识产权的有效管理和专利布局，获取专利收入，进而增加竞争对手的成本负担。其次，通过制定行业标准，企业能够将自身的技术与新兴技术体系相融合，从而在未来的产品竞争中占据有利地位。最后，企业还可以通过参与工业联盟、政府和国际性标准组织的活动，获得对产业链关键环节的控制力，实现高额利润。对于中国的战略性新兴产业而言，在发展过程中需要面对国际行业标准的严峻挑战。因此，提升中国企业在行业标准制定中的话语权，不仅是保障产业健康发展的关键，更是推动中国战略性新兴产业走向国际化的重要一步。

在制定战略性新兴产业市场准入制度的同时，也要努力降低我国战略性新兴产业的市场秩序遭到国际垄断力量损害的风险。我们的战略性新兴产业尚未成熟，在某些方面，如市场集中度、企业市场地位等，还达不到发达国家的标准。行业统一标准对新兴产业发展的作用是举足轻重的，技术标准的制定关系到行业的发展，并决定着我们能否在未来的国际市场上掌握话语权和主导力量。大部分发达国家一贯利用其制定的标准来实现技术扩散和市场垄断，从而保持其长期优势，促进其发展。

战略性新兴产业在国家发展计划和产业标准等方面与传统产业是不同的。在产业标准制订方面，我国首先要积极争取国际标准的制定权，其次要防范某些外国跨国公司对我国新兴产业的发展产生损害。战略产业的发展与壮大对我国战略性新兴产业的发展规划、国家经济安全、参与国际竞争有重大影响。

同时，战略性新兴产业的发展应从国家整体战略利益在全球范围内的最大化出发，灵活地运用反垄断措施。自我国加入世界贸易组织以来，国内企业在面对国际垄断势力时屡遭挫折，同时又频繁遭受反倾销调查。这种受制于人的局面，严重束缚了我国产业的发展。鉴于战略性新兴产业在国际上所面临的困境和威胁，我国的反垄断政策应根据各行业在国内的实际发展状况进行调整，以防外国跨国公司利用其垄断地位制造危险后果，进而阻碍我国产业的发展。以物联网为例，欧盟的工业行业和信息技术等领域对统一标准的制定高度重视，为加快物联网产业发展，欧盟表达了尽快制定物联网统一标准的决心，各成员国在制定统一标准方面加强合作。在大多数战略性新兴产业中，由于技术相对落后，我国在国际行业标准制定方面处于劣势。因此，应坚持国际标准和国内标准同步推进的原则，努力实现国内标准与国际标准的融合发展。

3.2.3 技术特征

战略性新兴产业具有创新度高和外溢性强等技术特征，更加强调技术的重大突破，而非普通的技术改良或者改进，这种技术突破表现为非连续性技术变革，往往能够创造出一个全新的产业。这种变革性的技术具有强外溢性，即通过产业间的技术关联和互动，将技术创新扩散到其他产业，从而引发多个领域的技术突破，具有明显的示范带动作用。然而，要想成功实现这种技术的重大突破，将面临多重挑战，为此，我们需要积极利用政策手段，争取必要的支持和培育，以促进战略性新兴产业的技术发展与成长。

（1）知识产权保护制度

战略性新兴产业具备创新要素高度集中、国际发展潮流明显、市场竞争日趋激烈等特征。此类产业因涉及知识产权的创造与应用而带有较大的投资风险，同时对知识产权管理与保护工作提出了更高要求。不完善的知识产权保护体系会直接导致企业投资风险增加，不利于形成创新氛围，不利于战略性新兴产业的创新链和产业链的培育，不利于创新成果的产业化和市场化。依法保护知识产权，是促进创新、支持战略性新兴产业可持续发展、营造健康有序的市场环境的关键。

中国的战略性新兴产业必然面临参与国际分工与合作的发展前景，并需要应对日益激烈的国际竞争环境。为了有效保障国内外资源的充分利用，提升产业的创新水平，发挥创新成果的市场价值，以及参与国际竞争，必须建立一套健全的制度与法律体系。通过对知识产权的科学管理，确保产业的创新成果得到合理保护和应用，从而为中国战略性新兴产业的可持续发展提供坚实的法律保障。

（2）国家创新体系

在战略性新兴产业发展过程中，创新体系内部各行为主体之间的密切互动与协同配合，构建了一个错综复杂的网络，涵盖了科技知识的生产、传播、应用以及反馈等关键环节。这一网络构成了技术突破和自主创新得以实现的重要基石。Freeman（1987）首先定义“国家创新系统”为“公共和私营部门的机构网络”，这些机构之间的活动和相互影响，引领和导致了新技术的开发、引进、改进和扩散。在《牛津创新手册》的描述中，创新系统涵盖了所有对经济、社会、政治、组织、制度等领域产生深远影响的因素，这些因素共同作用于创新的发展、推广和应用。在创新体系中，组织和制度是两个不可或缺的核心要素。组织是指那些参与创新行为的实体或主体，如企业、大学、风险投资机构和公共机构等；而制度则是一套共同的习俗、规范、惯例、规章或法律，用于调节个人、团体和组织之间的关系（Edquist and Johnson，1997）。其中，专利法作为保障创新成果的重要法律手段，在创新体系中具有举足轻重的地位。

我国创新体系建设正迈入蓬勃发展阶段。国务院发布的《国家中长期科学和技术发展规划纲要（2006—2020年）》明确指出，要全方位推动具有中国特色的国家创新体系建设。我国国家创新体系的核心为企业，以市场为导向，强调产学研结合，包括以研究机构与大学为主体的知识创造体系，军民融合、寓军于民的国防科技创新体系，以科技中介服务为纽带的科技创新服务支撑体系，以及各具特色的区域创新体系。

3.3 我国战略性新兴产业的未来趋势

尽管我国部分战略性新兴产业出现了较大程度的波动，但是从总体上看，战略性新兴产业的增长速度较快，呈现出良好的发展态势。在未来的发展过程中，应进一步注重政策“上游”与“下游”的衔接，突出后端的规划与培育，在规模、稳定性、速度方面有机结合，保持平衡。

本章依据当前中国战略性新兴产业发展状况，结合其发展的优势与问题，对战略性新兴产业在未来的发展趋势做出预测。

3.3.1 政策思路向“理顺市场环节”转变

从近几年战略性新兴产业的增速来看，政府的支持性政策已经达到了最初的设计目的，但当初急于建设项目、扩大产业规模的政策指向也产生了越来越多的问题[①]。伴随着战略性新兴产业的深层次发展，部分产业已从过去受技术能力的约束，转变为受到市场和体制的制约，产业政策理应随之调整。基于对这些情况及其原因的判断，我们认为未来战略性新兴产业的政策调整，不仅要注重前端，刺激企业做大规模，推动产业高速增长，更要重视后端的规划与培育，通过体制创新、调整理顺市场环节，对下游市场的需求加以密切关注，紧密跟踪产业发展趋势，实现产业政策动态调整，使产业政策的“上游”与“下游”相衔接。

首先，产业政策的着力点应从产业规模扩大转向市场培育开发。以新能源政策为例，美国的可再生能源政策以配额制（RPS）和强制性政策（MPGO）为主，更多地去规划和协调市场方面的问题，取得了较好的效果。因而，中国新能源政策未来的调整方向，应以确保可再生能源电力如何顺利进入市场为首要目标，打通设备制造、发电、输电、用电等环节，才能有效地促进产业良性持续增长。[②]

其次，应尽快建立产业政策的动态调整机制，实现产业政策与企业成长、环境变化的匹配。当前，全球新兴产业市场格局已发生深刻变化，传统欧美市场正逐渐萎缩，而新兴国家市场、国内市场需求却日渐旺盛。在未来产业政策领域，应以核心技术研发和关键市场扩展为重点，紧密跟随产业发展趋势，实现产业政策动态调整。其动态性体现在产业冷热的宏观调控、补贴的分阶段变动、上网标杆电价的适时调整、产业标准和规范的跟进等方面。

最后，要做好规划协调，防止重复建设和无序竞争。《“十三五”

① 2013年这些问题在新能源、节能环保等产业集中爆发，也即我们前文所提到的部分产业有震荡问题。

② 中国虽然已经基本确立了鼓励发展新能源的政策框架，但其主要政策手段，如上网标杆电价、财税优惠、费用分摊等，都着眼于支持设备制造企业和开发项目。

国家战略性新兴产业发展规划》指出，各区域应明确界定该产业的发展目标、结构和方向，制定有区别的发展战略，同时考虑到当地的经济特点和发展基础，避免结构上的趋同、无政府竞争与工业重叠；建立战略性新兴产业评价体系，明确区域内发展战略性新兴产业的优势和劣势，预测区域内发展战略性新兴产业可能产生的结果和影响；同时，应明确《战略性新兴产业重点产品和服务指导目录》中的认定标准。

3.3.2 规模、速度与稳定性之争

中国战略性新兴产业规模庞大，部分地区已将其视为当地经济发展的支柱产业。在产业发展迅速、规模巨大的背景下，我们应更加关注产业的稳定有序发展，以确保战略性新兴产业持续稳定增长。在发展过程中，要妥善处理规模、速度与稳定性之间的关系，激发产业发展的内生动力，拓展新兴产业应用需求，重视需求端的拉动作用，培育新兴产业市场。同时，提高产业自主创新能力，加强资本市场培育，加速新技术、新产品的产业化进程。

首先，持续加强企业创新能力建设，构建完善的创新体系。技术创新有利于创造激发企业创新活力的制度环境，鼓励企业真正成为创新主体。我们不仅要加大技术引进、消化和吸收的力度，更要注重自主研发，全面提升企业技术研发与整合能力，加速技术产品的工业尖端化，加快创新并完善龙头企业技术研发体制机制，激发企业创新激励机制及内在动力。一是强化新兴产业知识产权管理，资助专利申请及维护，构建知识产权与专利等级分析发布、动态诉讼平台，实施风险监测与应对策略。二是搭建技术创新公共服务平台，支持“赛前”研发活动。此外，依据“加大对新兴产业的战略投资与扶持”的整体思路，强化政府对新兴产业科技的投入政策。三是在构建稳定财政投入增长机制的基础上，进一步整合现有政策资源，充分利用现有资金渠道。四是政府应加强创新支持，尤其是强化政策机制建设，重点关注激励政策需求，通过税收、价格、直接补贴、政府采购等手段，营造“创新为荣”的社会氛围。

其次，需求侧的拉动作用应受到重视，培育新兴产业市场的政策措

施需具备综合性。针对新兴产业市场的多样化需求，增设应用示范项目，加速商业模式创新，强化基础设施建设，完善市场准入制度和定价机制。消费市场的激活与产业体系的完善密切相关，一是应将新兴产业消费品的市场推广作为扩大内需政策的重要内容，通过消费品消费推动新兴产业投入品的消费，进而促进新兴产业可持续发展。二是完善消费者立法，完善网络安全和加速生物医学临床研究法律法规建设。三是消费观念要与时俱进，提高对信息内容的认知和对新能源汽车、生物医学及其他产品的认识。四是推进基础的“宽带中国”工程，构建汽车充电设备链，方便消费者。五是通过公共采购和其他手段，为服务业的创新开辟空间，倡导自主知识产权在各级政府部门、控股公司、学校及相关机构的优先收购，以提高国产品牌的市场份额。

最后，要进一步培育庞大的资本市场，促进新技术和新产品产业化。在未来，一是政府应积极推动国内外企业上市融资，促进中国战略性新兴产业的发展和壮大，培养后备上市企业，重视投资基金和企业的合作。二是加快多阶段资本市场的发展，支持企业在海外上市。构建中国证监会、中国证券业协会的沟通体系，进一步促进企业在海外资本市场上市。三是提高资金服务，以加强科技创新和金融服务能力为中心，设立投资引导基金，满足企业发展初期的需求，培育中小企业科技创新基金。支持加强对成长型企业重大科研和产业化项目的资金扶持，设立专门化的高科技产业风险投资基金，促进政府股权投资。第四，依靠社会力量，培育和发展创新车间、车库咖啡等新产业孵化器，提高产业的市场活力和凝聚力。

3.3.3 新兴产业未来发展预测

近年来，我国战略性新兴产业整体发展良好，增速较快，并引领各地区经济增长。一批领军企业、孵化基地和服务平台的作用越发显著。然而，全球产业环境压力、市场对政策支持的响应不足以及单一的融资渠道，仍制约着战略性新兴产业的发展。展望未来，战略性新兴产业将继续保持增长态势，推广范围将逐步扩大，产业集聚效应日益显现。

（1）产业将继续保持较快增长势头

战略性新兴产业在内部投资和外部环境构建上仍然表现积极。在产业转型升级的大背景下，战略性新兴产业仍将是重点的投资领域，并且投资规模仍然会增加。

全球各大经济体都在持续强化和完善国家层面的科技战略布局以及战略科技力量部署，抢占新兴前沿产业领域的科技发展新优势。如美国白宫在2023年颁布《关键和新兴技术的国家标准战略》，重新界定了20项关键和新兴技术，并明确提出要全力捍卫美国在量子、人工智能等尖端技术领域的全球领导地位；欧盟陆续出台“2021—2027年多年期财政框架”、《塑造欧洲数字未来》、《人工智能白皮书》、《欧洲数据战略》等重要科技战略文件，计划投入巨额资金推动人工智能、超级计算、量子通信、区块链等颠覆性和战略性技术的发展；日本在2020年颁布的第六期科学技术基本计划中，明确未来科技创新的重点为发展数字技术，以及推动研究系统的数字化升级。

我国战略性新兴产业“十四五”发展规划中同样强调发展前沿未来产业的重要性，要全面发挥国家战略科技力量的支撑作用，旨在培育和发展具备良好发展前景的前沿未来产业领域，为新时期战略性新兴产业的发展注入新的增长动力。

（2）新兴产业推广应用步伐有望加快

政府和企业应重视市场疲软阻碍战略性新兴产业发展等问题。政府应加强新兴产业的应用推广：由光伏建筑一体化应用的分布式发电在未来可能成为主流。[①]网络融合、移动互联网等应用节省了消费者时间，在新一代信息技术领域是一个突破。新能源、新材料、智能网联汽车等新兴产业市场基本成熟。企业积极融合现代服务业和制造业，开创新的商业模式，重建生产系统，如节能环保企业的合同能源管理，就是以新的商业增值服务发展高端装备制造业。政府和企业应共同努力，未来几年加快人工智能、人形机器人、元宇宙等前沿技术的应用推广以及未来产业布局，释放潜在的市场需求，从而加快推广和应用新产品。

① 如推出了并网、分区电价、分布式光伏市场发展激励、国家电网服务免费等措施。

（3）产业集聚效应进一步显现

新兴产业的空间分布特征和区域的传统产业基础与资源禀赋密切相关。集聚的发展趋势一旦形成，产业规模也会不断扩大，竞争力会不断提高。目前，环渤海地区和长三角地区两大核心地区高端装备制造业已初步形成。新材料产业也正逐步形成“东岸集聚、中西部发展”的空间布局。基地和工业园区已成为新兴产业集群中战略性新兴产业发展的重要载体。我国的战略性新兴产业空间发展格局已初步形成，并将在此基础上加强产业发展。后发地区则很难形成较大的格局变化。因此，可以预计，未来产业集聚发展效应将进一步增强。

3.4 我国战略性新兴产业市场前景

在政府的大力扶持和积极鼓励下，我国战略性新兴产业整体展现出稳健的发展态势。关键核心技术的不断突破与创新，使得产业规模得以持续扩大，对经济增长的拉动作用日益显著。然而，各细分行业在产业技术、政策扶持以及市场开拓等方面存在的差异，导致它们各自的发展趋势和特征呈现出多样化的特点。

3.4.1 节能环保产业：进入发展机遇期，成长迅速

随着我国对环境保护工作的大力推进，节能环保产业已经逐渐演进成为一个全产业链服务体系，其中包括环保产品的生产、环境基础设施的建设、环境服务以及资源的循环利用等多个环节。作为“十三五”规划中的关键发展领域，节能环保产业在国民经济中的地位越发重要，其产值的年增长率稳定在15%。

3.4.2 新材料产业：由大转强，挑战和机遇并存

新材料产业被视为发展战略性新兴产业的基础和先导。该产业具备高附加值、高技术密集度、高研发投入和广泛应用范围等特性。我国已具备独立完整的材料工业体系，成为材料大国，但高性能材料、核心部件和重大装备仍依赖进口，因此尚未成为材料强国。为实现新材料产业

由大转强，国家计划确保重点新材料企业研发费用占销售收入的5%，并打造一系列新材料工程技术研发和公共服务平台，目标是培育10家创新能力强、新材料销售收入超过150亿元的综合性龙头企业，以及20家销售收入超过50亿元的行业骨干企业。针对钛合金、碳纤维、耐腐蚀钢、半导体材料、先进储能材料、薄膜材料、丁基橡胶、聚碳酸酯等重点品种，推动其规模化、产业化。同时，推广30个重点新材料品种，并开展一系列示范推广应用项目。

3.4.3 高端装备制造产业：利用基础优势做大做强

中国高端装备制造业已形成健全的产业体系，具备一定的产业规模和完整的产业链，其国际竞争力日益增强，为产业发展奠定了坚实的基础。当前，该行业拥有全球领先的技术、大规模的研发机制和基地，配套能力逐渐提升，在核心业务领域占据并保持领先地位，更能满足国家经济建设的需求。据预测，到2025年，中国高端装备制造业销售收入将占整个装备制造业的30%，国际市场份额将大幅提高。再经过10年努力，到2035年，有望实现高端装备制造业体系的完善，高端装备制造业销售收入占比将超过50%，成为国民经济的支柱产业。

3.4.4 生物产业：初具规模，市场前景广阔

生物科技的进步显著地提高了中国农业发展和人民健康水平。2017年中国生物科技产业实现2万亿元总产值，2018年接近2.5万亿元。生物科技产业应用于重大疾病防治具有广阔的市场前景，如生物技术药物、诊断试剂、新型疫苗、现代中药、先进医疗设备、医用材料等。预计到2030年，生物科技对全球GDP的贡献率将达到2.7%以上。未来5年，中国将在生物医药、生物农业、生物能源、生物环保、生物服务外包五大方面重点发力。重点研制生物技术药物、新型疫苗、诊断试剂、化学药物等创新型药物品种。

3.4.5 新能源产业：调整中孕育着机遇

自2010年起，风电产业的发展速度逐年放缓，项目延期上网及弃

风现象日益严重。2013年，我国光伏太阳能产业面临产能过剩、需求增长不及预期以及价格下跌等多重压力，众多企业处于艰难的转型阶段。然而，从长远规划及我国能源结构调整的角度来看，新能源产业在调整过程中孕育着新的发展机遇。尽管欧洲市场份额持续下滑，但美国、亚太地区及其他新兴市场的需求增速加快，为我国光伏产业拓展新市场提供了可能性。到2025年，风电和光伏发电量将占总电量的16%以上。在核电领域，随着现有核电技术的逐步退役，新型核能的寻求和建设将成为必然趋势，核电产业将迎来新一轮复苏，并在电力系统中确立重要地位。

3.4.6 新一代信息技术产业：经济支柱性作用日渐凸显

新一代信息技术产业在产能转型中扮演着举足轻重的角色，其发展趋势预示着产业的未来。随着信息技术的不断进步，智能交通、智能电网和智慧城市等愿景逐渐成为现实，同时手机阅读、移动支付、网络电视等新兴业务不断涌现。这充分彰显出我国移动互联网市场的广阔空间和坚实基础。据预测，到2025年，信息网络规模和应用市场将至少达到数万亿元。考虑到我国正处于工业化、城市化加速推进阶段，在国际化、市场化、信息化水平不断提升的大背景下，网络需求呈现出迅猛增长态势，预示着市场潜力巨大。

3.4.7 新能源汽车产业：市场全面启动

新能源汽车代表着世界汽车产业的发展方向，各国纷纷加大研发力度，加速推进产业化进程。我国政府高度重视新能源汽车的研发与产业化，实施了一系列相关政策，以激励企业开展自主研发。在此背景下，国内各大汽车企业纷纷投身于新能源汽车的研发、示范运营及产业化环节。比亚迪、奇瑞、长安、东风等知名企业已成功研发出多款新能源客车和轿车。综合考虑新能源汽车产品测试、投放周期等因素，预计我国将于2025年步入新能源汽车投放高峰期，累计销量有望超过燃油车，正式迈入新能源汽车时代。

3.5 战略性新兴产业市场培育当前所处阶段及现状

自2018年起，我国所面临的内外部经济环境日益复杂。在全球经济普遍不景气的背景下，国内潜在增长率在特定时间节点呈现下滑趋势，给国内经济带来了沉重的下行压力。尽管在实现经济增长目标方面仍需付出更多努力，但这在一定程度上反映出我国产业结构战略性调整的初步成果。21世纪的头10年，数字制造、新能源技术、智慧城市、3D打印在全球范围内兴起，我国抓住了这一历史机遇，加速培育和发展战略性新兴产业。经过多年的不懈努力，我国战略性新兴产业总体发展态势较好，对经济发展的支撑作用日益凸显。然而，在战略性新兴产业发展初期，也存在市场认可度不高、商业模式创新不足等问题。因此，为全面了解和把握战略性新兴产业市场培育状况，推动社会主要潜在需求向巨大的产业现实市场空间转化，本章将战略性新兴产业市场培育过程划分为初始孕育阶段、逐步发育阶段和基本形成阶段，在此基础上对战略性新兴产业市场培育的现状进行梳理和分析。另外，从产品、区域和海外三个维度总结了战略性新兴产业市场空间拓展的新态势。

3.5.1 市场初始孕育阶段

在市场培育初期，战略性新兴产业处于市场导入期，消费者对产品的接受度低，产品扩散缓慢，因此该行业的销售利润也较低。这一阶段的市场培育需要政府通过首购、限购、免征产品购置税等需求激励政策引导和创造社会需求。在战略性新兴产业中，新能源汽车、新材料、物联网产业都处于市场培育阶段。

（1）新能源汽车产业

在我国，新能源汽车产业的发展模式主要是：通过政府积极参与和支持来推动新能源汽车的研发和市场推广，带动新能源汽车厂商自主研发，加快新能源汽车整个行业的产业化进程。2023年我国新能源汽车产销量分别达958.7万辆和949.5万辆，同比分别增长35.8%和37.9%，产销量连续9年位居世界第一，占全球的比重超过60%，已具备更高一级的“造血能力”。但是，值得注意的是，我国新能源汽车配套服务设施建设相对于产业发展来说比较缓慢和匮乏，阻碍了新能源汽车本身的快速发展和普及。

（2）新材料产业

与新能源汽车产业紧密相关的高性能材料市场需求日益旺盛。以高性能玻璃纤维为例，我国将在该领域超越美国，成为全球最大的生产需求和应用市场。此外，随着航空工业的蓬勃发展，我国对聚合物复合材料的需求将持续以两位数的速度增长，全球市场需求也将保持高速增长。然而，在材料基础研究领域，我国的科研水平相对较低，无论在性能稳定性还是使用环境可靠性方面，与国外相关研究相比，都存在一定差距。尽管少数种类的高性能复合材料已达到国际先进水平并实现自给自足，但我国大部分新材料技术尚未拥有自主知识产权，尚未形成规模化产业。因此，为实现我国高性能复合材料产业的市场化发展，必须在产品开发和技术更新方面取得突破。

（3）物联网产业

物联网同样处于市场培育初期，但已在多个方面取得了显著成果，展现了从技术研发到产业应用的广阔前景。数据显示，我国物联网市场规模由2017年的11 860亿元增长至2021年的29 232亿元，年均复合增长率为25.3%。物联网领域覆盖了诸如智能电网、智能教育、智能医疗等多个行业的热点应用，同时与云计算、大数据、移动互联网等领域密切相关，具有广阔的市场前景。预计到2025年，将有50亿个物理设备实现连接。这些不断增长的连接设备将创造巨大的市场机遇，推动物联网各类应用呈现爆炸式增长。

根据对新能源汽车、新材料、物联网等新兴产业的市场培育现状分析，在初始孕育阶段，政府应更加注重发挥市场培育的引导作用。首先，现阶段一些工业产品刚从实验室走向市场，市场认可度不高，难以产生有效回报。为此，政府需加大集中采购力度，引导市场走向，创造产品需求。其次，鉴于当前产品技术稳定性相对较低，多数产品尚未掌握核心技术，在市场化进程中处于被动地位，因此，国产产品必须在技术创新上取得突破，以获得市场和消费者的认可。最后，实力雄厚的大型企业应成为培育战略性新兴产业产品市场的主力军。这些企业具备充足的资金、科技创新和人才培养条件，能够在产品市场推广上更加科学有序，从而有效推动产品产业化和市场化。

3.5.2 市场逐步发育阶段

在市场逐步发育阶段，战略性新兴产业处于成长期，产品销量和利润都在迅速增长。与此同时产品市场也逐步成熟，消费者数量不断增加，产品已经离开初期阶段，能够在一定程度上实现规模化生产，技术也走上正轨，处于逐步更新和完善阶段。但是此阶段相应的市场竞争也日趋激烈。目前在中国战略性新兴产业中，生物制药、新能源、节能环保、云计算等产业正处于该阶段。

（1）生物制药产业

在我国市场需求旺盛以及政府政策的有力推动下，生物制药行业的市场化步伐正在加快。2021年，我国生物药品制造、基因工程药物和疫苗制造等子行业实现了显著的业绩增长，营业收入达到5 918亿元，同比增长113.8%。这些子行业的利润在医药工业利润总额中的占比高达41.7%，为行业的整体发展注入了强劲动力。

为了进一步推动生物经济的发展，国家发改委于2022年发布了《“十四五”生物经济发展规划》（以下简称《规划》）。作为我国首部关于生物经济的五年规划，《规划》明确了生物医药、生物农业、生物质替代、生物安全等四大重点发展领域，以及生物医药技术惠民、现代种业提升等七项重大建设工程。根据《规划》，预计到2025年，生物经济将成为推动我国经济高质量发展的强大引擎；到2035年，我国的生物经济综合实力将稳居国际先进行列。

随着预防性治疗性疫苗、免疫细胞治疗、干细胞治疗、细胞再编程诱导多能干细胞、基因治疗等前沿技术的不断突破和发展，生物制药产业迎来新的发展机遇。然而，当前我国生物医药技术的转化率仍然较低，大量科研成果尚未转化为实际生产力，这不仅造成了资源的浪费，也在一定程度上制约了生产实践和市场发展。在国际环境日益有利和国内政策持续支持的背景下，我国生物制药产业仍有巨大的发展潜力和空间。

（2）新能源产业

2013年以来，随着新能源汽车产业开始步入市场培育期，锂离子电池产业也呈现出较好的增长势头。从需求增长情况来看，随着消费电子产品和电动汽车的快速增长，作为一种新能源电池，锂离子电池已逐步取代传统的铅酸电池，未来市场应用空间广阔。

与锂离子电池产业发达的市场不同，风能、光伏产业已进入瓶颈期。在国家能源战略、国际市场以及大型光伏电站示范工程推动下，我国太阳能光伏发电产业实现了飞速发展，已经成为光伏产品的主要制造国。然而，在产业发展初期，由于缺乏科学合理的规划，光伏产品生产过于侧重海外市场，忽视了国内需求，从而导致部分产品市场出现供需失衡。

当下，欧美贸易保护主义逐渐抬头，中国光伏产业必须加快改变市场方向，将目光投向国内、东南亚等新兴市场。随着国内光伏装机支持力度的加大，光伏组件、逆变器等产品价格的调低，以及国内市场的大幅增长，我国电池组件的需求将被极大拉动，在一定程度上能够弥补出口受阻带来的损失。

风电产业与光伏产业具有一定的相似性。在2023年上半年，我国风电新增并网装机规模达到了2 299万千瓦，同比增长77.7%，占全部新增电源装机的16.3%。截至2023年6月底，风电累计装机规模约3.9亿千瓦，占全部电源装机的约14.4%。根据预测，“十四五”期间，我国海上风电年均新增装机容量有望达到900万千瓦，大型风电基地项目将成为行业增量发展的主要动力。而到了“十五五”时期，年均新增装机容量预计在500万~700万千瓦之间。然而，与此同时，风机生产过剩的问题日益严重，风机价格不断下滑，质量问题频繁出现，整机供应商正面临越来越大的淘汰压力。这些现象表明，风电行业已经步入了重组阶段，发展模式正在从过度扩张转向理性回归。

此外，生物质能产业作为新能源领域的重要组成部分，与光伏、风电等行业同样面临发展困境。生物质能作为石化能源的替代品，已成为广泛关注的热点。数据显示，在生物柴油产业发展高峰期，我国相关企业数量超过300家。然而，截至当前，这一数据已减少90%，国内仅余30余家生产生物柴油的厂家，其余企业已停产或转产。原材料成本持续高位、消费者对生物柴油可能损害汽车发动机的担忧，以及销售困境等多重因素，导致生物质能供需失衡。由此可见，我国生物质能产业距离商业化推广尚有一段路要走，目前仍处于示范试点阶段。

（3）节能环保产业

随着我国节能减排力度的不断加大，节能环保产业进入了相对快速发展期，对节能环保设备的需求也日益增长。从投资上看，脱硫脱硝、固废处理、水处理等投资加快；从竞争整体格局来看，市政用水和固废处理在目前工程市场上发展相对较好。据预测，未来仅氧化铝行业全部更换新的洁净煤燃烧设备，需求量就将达到250~300台，总价值75亿~90亿元。此外，陶瓷行业和玻璃制品行业对新型洁净煤燃烧设备有着巨大的需求，仅这三个行业对清洗设备的需求就将达到400亿元。

此外在垃圾焚烧发电行业，2023年年底，我国生活垃圾焚烧处理能力超过104万吨/日，远远超过“十四五”规划的目标。目前，长江以南沿海省份的大部分地级市已安装垃圾发电厂，各区县纷纷启动新一轮垃圾发电厂建设，凭借成本优势，生活垃圾焚烧锅炉设备制造企业已经为抢占市场空间创造了契机。未来垃圾发电营业收入的增长率预计将达到18%。因此，从总体上看，随着节能电器补贴和推广政策的实施，以及我国工业节能减排长效机制的不断完善，我国节能产品和设备的需求将显著增加。

（4）云计算产业

作为下一代计算模式，云计算已进入实际应用阶段，各国积极推动各大厂商围绕云计算对产业结构进行了重新布局。云计算创新平台、产品和应用层出不穷。自2013年开始，云计算逐渐被IT企业和市场所接受，大规模实施云计算的时机日益成熟。美国、英国、日本等发达国家已开始部署国家级云计算基础设施，为政务、经济、民生等领域的信息化发展提供技术保障。经过10余年的建设，越来越多的数据将包含在统计数据中。云计算、社交网络、移动应用、大数据等功能将会集成到一个或多个云计算应用和服务中。云计算预计将在数字内容、中小企业信息化、搜索引擎、电子政务等应用领域取得更大的突破和发展。研究数据显示，未来全球公共云服务平均复合增长率将达到91.5%。我国2021年云计算市场规模为3 030亿元，增速为45%，远高于全球29.5%的平均增速。

该领域市场增长的关键因素之一是新兴的云计算解决方案，但对数据安全的日益关注可能会对该市场发展造成一定程度的挑战。云安全联盟调查数据显示，88%的消费者对于云端的敏感数据的安全性存在担忧。因此，有至少86%的消费者不会在云端存储敏感数据，甚至有51%的消费者表示对云存储完全不信任，也不会储存任何个人资料。因此，推动云计算大规模市场化应用的关键在于解决云数据安全问题，加强云立法。

从生物制药、新能源、节能环保、云计算等产业发展趋势可见：

首先，技术进步的先决条件在于产品和市场的成熟。从以上产业发展情况可见，生物医药、节能环保等产业是否继续加大产品研发投入、实现产品销售增长，风电、光伏产业是否通过运用更加成熟的新兴技术实现产能扩大，以及云计算产业是否依靠信息技术实现数据存储模式的创新等，这些关键问题都离不开相对稳定的产品技术。因此，与处于市场初始阶段的产业相比，这一阶段的技术相对稳定，能够支撑产品的规模化生产。

其次，市场形势整体波动较大，市场培育未来存在较大不确定性，部分行业已经开始进入发展的瓶颈期。如风电、光伏产业等新兴产业由于缺乏合理规划，在发展过程中无序推出新项目，导致市场供大于求、产能严重过剩，陷入恶性低价竞争的怪圈，严重损害了产业的未来发展。因此，此类新兴产业迫切需要通过调整产业政策来引导产业升级，以新的市场空间消化过剩产能，同时实现行业未来的良性发展。

最后，彻底转变消费观念才会真正打开新兴产品市场。战略性新兴产业中符合当前经济社会发展需要的低碳环保产品、精细定制产品、高端功能产品等，是当前的主流消费趋势，能够实现人们生活质量的实质性提升。面对新老产品的替代，推动战略性新兴产业产品市场成熟的关键就在于如何有效引导消费者转变传统消费观念、提高对新产品的认知度和接受度。

3.5.3 市场基本形成阶段

在市场基本形成阶段，相关产品在市场上已经大量销售，并拥有较为稳定和成熟的用户群。对于战略性新兴产业来说，市场的基本形成并不意味着市场的成熟，而是指基于原有产业部门，通过技术创新不断地完善产品、扩展市场，寻找新的市场或创新传统产品，形成新的增长极。在战略性新兴产业中，高端装备制造业和新一代信息技术产业均达到了市场基本形成阶段。

（1）高端装备制造业

高端装备制造业将逐步成长为中国国民经济的支柱产业。中国将高端装备制造业作为一个战略性新兴产业部门，对于以机械行业为代表的装备制造业的发展和振兴具有重要意义。传统产业的转型升级和战略性新兴产业的发展都需要高科技附加值设备，特别是数控机床。

装备制造业发展的关键在于设备升级。数据显示，我国拥有超过400万台普通机床，其中25%已服役超过30年。这些机床已无改造价值，应及时予以更换；还有70%的机床可升级为数控设备，这将催生千亿元级别的市场需求。近年来，我国机床消费量年均增长率接近10%，国际机床市场在20年内实现了翻一番的增长。预计未来，大型基础设施投资将推动我国经济增长，尤其在高速铁路、城际轨道交通、机场电网扩容等领域。这些基础投资将进一步激发市场对高端设备的需求，稳固和提升我国作为全球最大机床消费国和生产国的战略地位。

此外，我国机床行业的一般贸易增长势头强劲。近年来，机床产品、数控金属加工机床及金属加工机床的月度进口和累计进口规模均创历史新高。全行业产品进口总额超过150亿美元，机床进口总额超过90亿美元，其中数控机床进口总额近80亿美元。数控机床高额的进口量表明，我国市场对数控机床的需求依然旺盛，尤其在高端数控机床方面，尽管有自我消化的能力，但进口需求仍巨大。因此，加速高端数控机床的产业化进程，是满足新型战略产业如航天、造船、汽车、发电装备等领域发展的必要前提。

除了机床制造业的巨大潜力之外，中国的机器人制造业也有着巨大的发展空间。目前，中国使用机器人的制造企业越来越多。在装配、配料、搬运等行业中，使用机器人代替手工劳动呈上升趋势。2022年我国机器人市场规模达到174亿美元，5年年均增长率高达22%。据预测，中国工业机器人市场未来10年将实现增长23%~36%。随着人口红利的减弱，中国必须进行工业化改革，创造新的竞争力，将机器人用于生产线上的工业应用也将会呈爆炸式增长，中国将成为世界上机器人需求增长率最高的国家之一。

（2）新一代信息技术产业

战略性新兴产业中的新一代信息技术产业将在产业基础、市场空间和产业关联等方面发挥主导作用。从该产业的各个子行业来看，集成电路、电子信息制造、下一代通信网络等都蕴含着巨大的市场空间和市场潜力。

根据中国互联网络信息中心（CNNIC）发布的统计数据，截至2023年6月，我国网民总数已达到10.79亿人，互联网普及率高达76.4%，显示出我国网信产业正保持稳健的增长态势。在新一代信息技术产业基础设施的构建方面，我国正加速推进，其中，宽带网络的建设不断深化和扩展，为数字化经济的发展提供了坚实的基础。

在互联网协议第六版（IPv6）的部署方面，我国已经全面加快了进度。IPv6作为一种更为先进的网络协议，能够提供更广泛的地址空间，以应对互联网设备数量的爆炸式增长。据统计，截至2019年6月，我国拥有的IPv6地址块数量为50 286块/32，较2018年年底增长了14.3%，这一增长速度使我国在全球范围内的IPv6地址数量上位居榜首。

根据中国信息通信研究院的数据测算，2018年我国数字经济的规模已经达到了31.3万亿元人民币，占GDP的34.8%。这一数据充分展示了数字经济在我国经济发展中的重要地位和作用。

在信息技术创新能力方面，我国正逐步增强核心竞争力。特别是在量子通信和量子计算等前沿科技领域，我国已经取得了一系列原创性突破。这些成就不仅标志着我国在全球量子科技竞争中的地位日益提升，也为未来信息技术的发展奠定了坚实的基础。此外，集成电路设计与工艺等关键核心技术也取得了新的进展，这对于推动我国电子信息产业的升级和转型具有重大意义。

在创新体系的建设方面，我国正在逐步完善相关机制，技术创新成果转化的步伐也在加快。这不仅促进了科技成果的实际应用，也为经济高质量发展提供了有力支撑。同时，各类创新主体的创新活力持续释放，为我国科技创新注入了源源不断的动力。

2019年，我国的创新指数在全球排名中上升至第14位，这是对我国创新环境和创新能力国际认可度的提升，也是我国科技创新战略实施成效的体现。总体来看，我国在数字经济、信息技术创新以及创新体系建设等方面取得的成就，为我国经济的转型升级和可持续发展提供了坚实的支撑，同时也为全球科技创新和经济发展做出了积极贡献。

随着全球经济的逐步复苏，集成电路和电子信息制造业的需求正在逐渐增加。这一趋势表明，相关行业可能即将迎来新一轮的增长和发展机会。然而，中国作为一个庞大的电子产品制造基地，在芯片制造方面的自给能力却相对薄弱，这导致了对外国芯片的高度依赖。这种依赖性的存在，不仅意味着中国在全球供应链中的地位受到限制，而且还可能导致在政治关系和国际贸易发生波动时，国内产业面临较大的风险。

尽管近年来中国政府和企业都在积极推动本土芯片产业的发展，通过投资研发、引进技术和人才培养等多种方式，试图减少对外购芯片的依赖，但这一过程并非一蹴而就。芯片产业的核心技术门槛高、产业链复杂，需要长期的技术积累和大量的资金投入，因此，中国芯片的进口依赖性问题并没有在短时间内得到根本性的改善。

综上，在市场基本形成阶段的战略性新兴产业，体现出以下三方面的特点：

首先，当前阶段的战略性新兴产业部门市场培育并非“从零开始”。与以突破性技术创新为起点的新兴产业相比，其市场培育过程面临较高的风险性和不确定性。这些产业部门与传统产业及高科技产业密切相关，即在现有产业基础上进行渐进式技术革新，能够实现产业升级和改造，进而达到更高水平。因此，这些产业部门具备较为扎实的市场培育基础，能够更快地实现产业经济效益。

其次，市场培育亟须对传统产业技术进行革新与优化。在市场培育阶段，产业部门市场已相对成熟稳定，培育的核心是在巩固现有市场份额的基础上，力求拓展新的细分市场，发掘潜在市场。为实现此目标，产业部门要把握发展战略性新兴产业的有利时机，积极进行技术革新与优化，提升产品科技含量及适应性，更加契合当今低碳、环保、绿色的消费理念。

最后，在市场培育这一阶段，关键任务之一是摆脱对国外产品的依赖，提高国内市场对国产产品的认可度。在以划时代的创新为基础培育新兴市场的过程中，各国起点相同，然而若依赖传统产业进行市场培育，我国则面临一定劣势。例如，在数字控制机床产业中，我国在设计研发、材料工艺、零部件等方面与国际先进水平存在较大差距，高端市场主要由国外企业占据，我国高端数控机床产业的自给率严重不足。又如，在集成电路产业中，核心技术芯片主要依赖海外进口。虽然我国政府对技术研发的投入不断加大，通过“首台套”等政策，在一定程度上能够刺激企业加大对国产产品的需求，但要真正实现市场规模、提升产品竞争力，关键在于企业在产品种类、技术水平、关键核心技术方面取得重大突破。

3.6 产业市场空间的拓展

现代市场经济环境中，随着产业内企业的发展，市场空间亦逐步扩大。要保持市场稳定，以实现市场空间从单一向多元化发展为目标，进一步拓展新兴市场，不断创新产品及业务组合。预计未来战略性新兴产业的发展速度将持续加快，在多个领域实现更大规模的投资与消费，从而为市场拓展创造有利条件。新型市场开发主要涉及新产品、区域及海外市场三个方向。

3.6.1 新产品市场拓展

战略性新兴产业多个部门对新产品开发方向进行了规划，实现新产品应用落地，拉动市场需求。其中表现尤为突出的是新一代信息技术产业，如物联网、移动支付、生物芯片等都将成为未来新一代信息技术产业产品市场开拓的焦点。

在物联网中，M2M（Machine to Myachine）被视为最可行的业务形式，能够率先在车辆、电力、金融、环境保护、安全等多个行业中实现规模化的应用。M2M通过互联网设备联结着世界上的每一个人、所有的地方，并构成了一个网络社会。随着全世界的通信业进入瓶颈成长期，基于M2M业务的物联网将显露其巨大的市场潜力。同时，如何使物联网产业化，需要更为有效的革新性的商业模型。目前中国物联网主要由政府驱动，下一步发展应解决的重要问题就是如何将物联网的发展转到市场驱动轨道中来。

除了M2M业务形式外，物联网也成为中国各通信企业推进移动支付的开端。2012年为启动阶段，以产品的研究开发为主。2013年为市场培育阶段，以重点城市为主，进行应用突破和市场环境培育。2013年上半年中国移动向产业界传达了促进NFC-SWP移动支付的信息，下半年进行产业链准备，并开始进行大规模采购和客户宣传推广。2014年各通信企业开始大规模发展终端用户。

生物芯片是新一代信息技术的前沿领域，为个体生物信息的快速、并行采集和分析提供了有利的技术手段。近年来，这项技术得到了改进，并逐渐商业化。它广泛应用于基因表达分析、多态性检测、突变分析、DNA测序、基因定位，特别是人类疾病的诊断和治疗、药物筛选和新药开发等方面。

除了新一代信息技术产业之外，“十四五”时期中国高端数控机床行业开始将发展重点转移到螺旋式数控冲床、曲轴伺服冲床、双动冲床、块锻冲床、板料锻造冲床和齿轮冲床等方面，全面实现全功能机床数字化、误差控制、数据补偿和网络诊断。

3.6.2 区域市场拓展

我国战略性新兴产业的区域市场拓展主要表现在以下两个方面：

首先，那些对自然资源配置有较高要求的新能源产业，如风电、光伏和生物质能等，呈现出广泛分布的特征。这些产业需要特定的自然资源条件，例如充足的风力资源、良好的日照条件或者丰富的生物质资源，因此，各地政府往往根据地区自然资源禀赋进行布局。这种分布模式不仅有利于资源的合理利用和环境保护，也有助于推动各地区经济的均衡发展，促进新能源产业的全面繁荣。

其次，新型制造业产业板块的区域转移也是我国战略性新兴产业区域市场拓展的一个重要方面。随着新型制造业在东南沿海地区的逐渐饱和，土地、劳动力等成本上升，环境保护的压力增大，一些新型制造业开始向内陆省份转移。此类地区通常拥有更加宽松的土地使用政策、较低的劳动力成本以及潜在的市场需求，为新型制造业的发展提供了新的机遇。这种产业转移不仅有助于缓解沿海地区的发展压力，也为内陆省份带来了新的经济增长点，促进了区域经济结构的优化和升级。

这两种趋势共同推动了我国战略性新兴产业的健康发展，为实现区域经济的平衡发展和产业升级提供了有力支撑。考虑到传统发电和新能源发电的不同资源禀赋特点，我国风电市场开发坚持“大中小、分散集中、陆海结合”的原则，积极推进河北、内蒙古西部、内蒙古东部、吉林、甘肃、新疆、黑龙江等内陆地区利用分散的风能资源，并在山东、江苏、上海等沿海省市扩大海上风电建设。通过风电开发建设，促进我国风电技术进步和产业发展。

在光伏发电产业方面，根据我国各地光照条件的分布情况，在甘肃敦煌、柴达木盆地、西藏等地规划建设大型并网太阳能光伏电站项目；在北京、上海、江苏、广东、山东等地区的城市建筑上开展光伏发电；在相对边远的西藏、青海、内蒙古、新疆、宁夏、甘肃等地区，推广户用光伏发电系统或建设小型光伏电站，其中，在内蒙古、新疆、甘肃、青海、西藏等地，还倾向于选择沙漠、戈壁、荒滩等闲置土地建设太阳能热发电示范项目。

在生物质能产业方面，因地制宜扩大生物质能的应用市场。粮棉主产区人均耕地面积大，重点发展秸秆生物质直燃发电；结合林业生态建设，有序发展林业生物质直燃发电，重点林区和林产品集中加工区利用林业“三废”和林产品加工剩余物；结合荒漠化防治生态环境建设，在“三北”地区建设灌木种植基地，发展沙生灌木残茬直燃发电工程。

除上述新能源产业外，根据资源分布特点，部分产业因地制宜，开始由饱和发展地区向市场潜力较大地区转移。以电子信息制造业为例，近年来中西部地区工业销售和出口保持稳定增长，东部地区则保持稳定，电子信息制造市场已逐步从东部地区向中西部地区转移。

3.6.3 海外市场拓展

以光伏产业为例，光伏产业在海外市场也同样处于发展的瓶颈期，整体的市场格局正在发生剧烈变化。

2023年欧洲光伏产业迎来了显著的增长，新增装机容量达到了55.9GW，相较于2022年增幅高达40%，刷新了历史纪录，也彰显了欧洲光伏市场的蓬勃发展。根据欧洲光伏产业协会的预测，这种增长势头在未来几年将得到持续，预计2024年和2026年的新增装机容量分别将达到62GW和93GW。基于此增长率，累计装机容量有望在2027年达到一个里程碑水平，即576GW。

然而，尽管市场前景广阔，但欧盟目前正在商讨一系列产业支持政策和新的贸易壁垒。这些政策的出台可能会对光伏产业的未来产生重大影响。特别是关于新贸易壁垒的提议已经引发了广泛的争议。在欧洲内部，有相当一部分声音认为，这些措施可能会阻碍光伏市场的发展进程，从而对整体经济增长产生不利影响。为了应对中国产品的竞争压力，并重振欧盟内部部分濒临倒闭的光伏企业，欧盟正在积极推动成员国签署一份联合声明。该声明旨在承诺采取“进一步行动”，以支持光伏产业的复苏。这些行动可能包括设立由国家主导的项目拍卖机制，以及加速推广与农业结合的光伏项目（“农业+光伏”模式）。

美国自2022年年底以来本土组件的产能迅速增长，从8GW增长到12.5 GW。根据目前的扩产计划，预计2024年本土产能足够支持美国国内光伏装机容量的需求。到2026年，美国的组件产能预计达到123.5GW。然而由于受到融资、技术、原材料等多重挑战影响，这些产能很难完全发挥。而且在当前市场环境下，美国本土制造的组件成本仍无法与东南亚地区相抗衡，且在短期内将成本降至东南亚水平以下的可能性较低。鉴于此，美国制造业在维持全球市场的竞争力时，不得不依赖政府的财政支持。尽管美国制造业在技术创新和质量控制方面可能具备优势，但在成本管理上的挑战却限制了其在全球市场上的竞争能力。

此外，中东、非洲等地区的光伏产业飞速发展，装机容量逐年增长。中东地区电力结构目前主要以油和气为主，占比在85%以上，光伏产业开发潜力巨大。与之相比，非洲地区电力系统则以天然气和煤炭为主，但光伏和风电也逐渐崭露头角，有望在未来几十年内成为全球可再生能源产业的重要力量。

综上，全球光伏市场需求格局正经历深刻变革，中国应当加大对光伏技术的研发投入，以创新驱动为核心，确保在技术进步和成本优化上保持领先。同时，要优化产业链布局，提升光伏产品的质量和性能，以适应多样化市场需求。此外，应进一步扩大国际合作，与各国共同推进光伏项目，共享技术与经验，特别是通过合资、合作及援助等多种形式，在新兴国家大力推动光电项目建设，并开拓国内外光伏产业的新兴市场。

4 股东社会资本对企业创新的影响

从经济增长的趋势以及我国现阶段经济形势来看，必须将创新作为重要的决定因素，突出其核心地位。当前全球市场竞争激烈，只有在生存与发展的各个环节中坚持创新的企业，才能够快速适应外部环境的变化和应对来自竞争对手的威胁；同时由于我国仍处于经济转型期，产权保护制度不够完善，市场资源配置不高，在此阶段社会资本对企业创新的作用更加显著，可以视为制度的一种替代性机制。当前，学者们对于社会资本对企业创新的影响机理进行了大量研究，主要的研究领域集中在社会资本的政治关联、银企关联，以及企业网络等维度对企业创新的影响等方面，而对于社会资本影响创新的作用机理相对研究较少。

4.1 政治关联对企业创新的影响

政治关联即企业高管拥有曾经或当前任职于政府或军队的经历

（Fan等，2007）。[1]大部分学者认为政治关联存在声誉机制和资源效应，对企业创新具有正向影响；但也有学者认为政治关联会导致寻租和锦标赛，反而会抑制企业创新，存在消极影响。另外也有学者认为由于存在制度环境和产权性质差异，政治关联在不同的情况下对创新存在双重效应，即正向和负向影响的叠加效应。

4.1.1 政治关联正向效应的机理分析

基于资源依赖理论，企业一定程度上依赖外部环境，因为外部的不确定性会对企业产生负面效应，而与外部环境建立联系会降低这种不确定性带来的影响。政治关联就是这种联系之一。通过建立政治关联，企业能够获取相应的、独有的资源，有利于企业的创新和成长。由于创新成本较高，企业在创新的初期会面临较大的资金缺口，内源融资不足、外源融资约束，都在一定程度上制约了企业的创新。此外，由于产权保护机制不完善，主动创新的企业反而难以占有知识溢出和消费剩余，导致创新虽然产生了较高的社会效益，但企业的经济效益却不高，因此，许多企业尤其是民营企业不愿意进行自主创新。在这种情况下，强而有力的政治关联能够为企业带来良好的保护机制，促进企业创新。这一结论得到许多学者的支持，如Zhou（2013）指出，政治关联能够替代无效市场和法律机制，促进企业的创新行为；蔡地等（2014）研究发现，存在政治关联的民营企业更有动力进行创新，且这种效应在规模较小的企业、制度环境较差的地区更加显著；Shi和Zhu（2014）也发现政治关联会促进企业进行创新投资，具有正向影响。此外，不同政治关联层级对于创新投资的影响存在行业差异。

然而，以往的研究大多仅针对政治关联影响的直接效应进行检验，较少有学者研究这种效应的具体路径和相关作用机理。实际上，影响路径和作用机理的研究比直接效应检验更有意义。从理论上看，路径分析能够进一步推动创新理论的发展，深入理解政治关联对创新的影响机理；从实践上看，路径分析能够为企业更好地开展创新活动提供依据。

---

① 实际上，在不同的制度环境下，政治关联在企业及高管经济利益诉求方面的具体表现形式不同，相对于法律机制成熟的市场，当前大部分研究集中于经济转型期政治关联的影响，但是结论并不统一。

从路径来看，政治关联主要通过融资便利、创新知识、创新补贴和税收激励四个路径产生积极影响。

（1）融资便利

根据资本市场理论，在完美市场下，企业的内外部融资不存在差异。但是，由于创新会导致企业内外部信息高度不对称，外部融资成本升高，从而产生融资约束。在这种情况下，政治关联所带来的声誉效应会降低外部融资的信息不对称，缓解外部融资约束，以更长的期限或者更低的利率获得外部融资机会，因此促发企业的创新动机。许多学者的研究证实了这一结论，Wang等（2013）以中小高科技企业为样本进行研究，发现政治关联会促进企业的创新投资，主要通过拓宽融资渠道、在外部融资中发挥正向效应来促进企业的创新行为。康志勇（2013）认为政治关联会帮助企业获得政府支持，从而缓解外部的融资压力，直接或间接促进企业创新投资，且这种促进效应在民营企业、中小企业以及劳动密集型企业中更为显著。Cumming等（2016）同样发现，在中国市场中，外部融资的难易程度能够直接影响企业的创新投入，但是会受到政治不稳定性的影响，而在拥有政治关联的企业中，政治不稳定性的这种负向影响会降低。此外，研究还发现拥有政治关联的企业更容易获得创新投资的支持，尤其是高科技公司。

（2）创新知识

企业拥有政治关联能够帮助企业获取各类资源支持，其中最重要的就是创新资源。通过政治关联，企业能够进一步与高校、科研院所建立更广泛的联系，拓展创新资源和渠道，加强自身的创新以及与其他主体之间的集合创新，从而获得长期的竞争优势。此外，政治关联还能够使企业更容易获得产业、资源和政策环境的变化信息，增强创新行为适应环境的能力，减少无效行为和盲目行为，提高创新效率。Shu等（2010）基于结构方程模型和极大似然估计，对高管的政治关联、知识创造和企业创新之间的关系进行检验，认为知识的交换、整合以及高管的政治关联对企业创新投资存在中介效应。简兆权等（2014）基于中国情境，采用层次回归法分析政治关联对组织创新的作用机理，结论证实政治关联会促进组织创新投资，而知识获取则对这种影响存在中介效应，能够发挥正向的调节作用。

（3）创新补贴

创新作为一种公共产品，具有溢出效应，因此长期以来，各级政府对于企业的自主创新会进行补贴，解决因法律机制不完善导致的知识歧路以及非完全专有性的市场失灵问题。因此从一定程度上看，创新补贴可以视为政府赋予的一种技术认证和监管认证，在融资市场上起到信号作用，有利于扩宽外部融资渠道，降低融资成本。拥有政治关联的企业能够更加及时快速地获得政府的创新补贴，同时也能进一步激发企业的创新主动性。研究证实，政治关联的确会提高企业补贴对创新的促进效应，如李传宪和干胜道（2013）以上市公司为样本，对政治关联、创新补贴和创新投资进行研究，发现拥有政治关联能够使企业更容易获得补贴，促进创新。Tong和Chen（2016）则基于中小企业样本，同样得出结论认为创新补贴有效促进了企业的创新，特别是在制度环境较差的地区，企业更有动力通过建立政治关联获得创新补贴。

（4）税收激励

税收同样会影响企业的创新行为，企业的创新，尤其是自主创新和原始创新，均需要大量的资金和现金流以应对突发的调整，且回收期较长。高额的税负会影响企业的自由现金流，从而减少企业可用于创新的现金，制约企业的创新动机。由于创新具有公共产品的外部性，因此需要政府参与，通过税收激励有效缓解企业的现金压力对创新动机和行为的影响，提高创新投资。因此，企业存在为了加强创新和寻求税收减免的动机，这也是企业建立政治关联的重要原因之一。目前，已经有学者开始关注税收激励对政治关联和企业创新之间关系的影响，李建标和梁馨月（2016）对民营企业进行研究，发现政治关联能够促进企业的创新行为，其中，税收负担在一定程度上发挥了中介效应，且这一效应在市场化程度较低的地区更为显著。

4.1.2 政治关联负向效应的机理分析

政治关联对于企业创新的积极影响主要通过缓解信息不对称以及获取政治资源等途径，也得到了广大学者的认同和证实。然而，也有学者提出了政治关联的“资源诅咒”，认为政治关联同其他自然资源一样，会对经济绩效产生负向效应，会对地方的经济增长、就业水平产生影响，甚至会导致寻租腐败。Bellettini等（2009）提出，长期而稳定的政治关联会为企业带来较高的寻租成本，形成进入屏障抑制其他竞争者的进入，但是同时也抑制了企业的创新动力，不利于长期绩效的提高和企业的发展。袁建国等（2015）的研究同样显示政治关联对企业创新存在诅咒效应，作为特殊的资源，政治关联存在寻租风险，特别是在政府控制力较强的地区。这种负向影响具有两个方面：对于企业来说，政府对资源掌控力度越大，企业通过产品获得公平竞争的难度就越大，这会逼迫企业更加热衷于建立政治关联，而非增强自身竞争优势；对于政府来说，由于地方锦标赛的存在，政府除了追求经济目标之外，同时也追求政治目标，从而导致干预企业行为，使得企业发展偏离股东财富最大化的目标。

（1）企业寻租

基于寻租理论，企业存在为了谋取私利而对政府机关或者官员开展非生产性活动的动机。企业寻租行为使得地方的稀缺资源集中于非生产领域，导致创新行为被挤出。当前的实证研究结论证实，由于企业存在不同的寻租动机，对于企业创新的挤出效应也存在差异。

一方面，企业为了获取政府的有限资源和政策支持而建立政治关联，会导致有限的资源和精力被集中进行非生产性的关系维护，而创新行为和投入则不得不被挤出。杜兴强等（2012）以上市公司为样本检验了非正式制度与企业创新之间的关系，结果发现政治关联能够对企业创新产生显著的挤出效应。李诗田和邱伟年（2015）发现，在制造业和信息技术产业中，政治关联会显著降低企业的创新投资，他们指出这是因为企业将大量的资金用于投资政府关系，导致创新投资被挤出。

另一方面，已经建立了政治关联的企业，因为受到政治关联的诱惑，仍会继续将资源投入关系维护中，可能产生高昂的寻租成本从而导致企业陷入恶性循环。王宇峰和张娜（2014）研究发现，企业的债权融资会抑制创新投资，而政治关联虽然有助于拓宽企业的长期债务资源，但是并没有显示出正向的融资效应，反而对企业创新产生了负向效应。

逯东等（2015）研究发现，创业板上市公司建立的政治关联也会用来寻租，同样对于创新投资存在挤出效应。

（2）政府寻租

除了企业寻租之外，政府官员也存在寻租行为，导致企业承受更多的非经济目标的政治和社会负担。地方政府的“政治锦标赛”对政府官员行为造成了激励扭曲，一些地方官员由于急于晋升或者完成政治任务，铤而走险搞政治工程等短期行为。企业为了迎合这种政治目标，不得不削减创新投资，导致与企业目标相悖。很多学者的研究结论对这一观点进行了证实。李健等（2012）发现地方政府存在为了达到地区生产总值增长目标而对企业进行支持的行为，这种支持最终大多导致低成本战略，从而抑制了企业的差异化发展和创新投入。连军等（2011）研究发现，政治关联同时存在“扶持之手”和“掠夺之手”两种效应，而在市场化程度较低的地区，民营资本建立的政治关联更多体现为“掠夺之手”，即固定资产对企业创新的挤出。Lin等（2014）研究发现，基于资源基础理论，由于政府的强制干预，政治关联会对企业的绿色创新产生抑制作用。Xu和Yano（2016）则认为反腐败力度的加强会增加企业获得外部融资，特别是长期债权融资的可能。反腐败力度越强，企业获得的创新投入就越多，产出的创新成果也越多，因此他们认为政府对企业的创新能力存在“掠夺效应”。

4.1.3 政治关联双重效应的机理分析

实际上，政治关联的正向和负向效应还同时受到如制度背景、产权性质、政治关联类型以及外部环境等多种因素的影响。江雅雯等（2011）对企业的政治关联、制度因素和企业创新之间的关系进行研究发现，比较而言，主动的政治关联实际上更有利于创新投资，体现出正向效应，而被动建立的政治关联则更多地发挥负向效应。Song等（2015）基于动态数据模型，认为政治关联与企业创新并非线性关系，而是受到融资约束程度的影响，当融资约束处于一定范围之内时，政治关联显示出对企业创新的正向影响。杨洋等（2015）则基于资源获取机制和信号传递机制，认为相对于国有企业，政府的创新补贴对民营企业的正向激励作用更为显著。然而在要素市场扭曲的情况下，创新补贴的激励效应则被大大削弱，企业更倾向于将补贴用于寻租。刘雅琦等（2016）基于创业板上市公司样本，发现政治关联总体来说会对企业创新产生负向影响，然而这种影响机理与政治关联类型有关，代表委员类政治关联主要产生抑制效应，而政治官员类政治关联则产生正向激励效应。Zhou等（2017）从制度和效率逻辑的视角对政治关联和企业创新的关系进行分析，发现在较为激烈的竞争环境下或在新兴产业中，政治关联对创新的积极作用更为显著。此外，政治关联的强弱程度也会影响这种效应，比较而言，强政治关联会抑制企业的创新。

4.1.4 小结

综上，学术界对于政治关联与企业创新之间的关系形成了三种观点，而结论的差异也较大，主要原因在于理论基础和研究角度的不同。从理论基础来看，支持政治关联正向效应的研究主要基于资源依赖理论，即政治关联能够通过为企业带来融资便利、创新知识、创新补贴和税收激励等使企业增加创新投入；支持政治关联负向效应的研究则主要基于“资源诅咒”理论，即政治关联需要企业投入大量的资源和精力，导致企业创新投资被挤出；支持政治关联双重效应的研究则认为政治关联受到太多因素的影响，并非简单的线性关系。从当前已有文献来看，政治关联对企业创新的影响的理论还在逐渐丰富和完善中。

4.2 银企关联对企业创新的影响

4.2.1 银企关联正向效应的机理分析

银企关联能够通过获取专有信息，缓解企业与资本市场之间的信息不对称，从而降低企业融资约束的程度，拓宽融资渠道，降低融资成本，也在一定程度上能够促进企业创新投资。Herrera和Minetti（2007）提出，银企关联的持续时间也会影响企业创新，银行贷款时间越长，企业创新投资的能力越强。David等（2008）则从债务异质性的角度提出，不同来源的债务对企业创新影响也不同，关系型贷款比商业信用更有利于创新投资。温军等（2011）基于动态面板模型，分析银企关联贷款、企业规模与创新投资之间的相互关系，结论显示，在创新投资较高的企业中，银企关联贷款比重也较高，且这种关联贷款对中小企业的重要性要显著高于大企业。武力超等（2015）采用Heckman两阶段选择模型分析了不同来源的资金对创新决策和创新能力的影响，并指出银企关联贷款显著提升了中小型高科技企业的创新投资，且对企业的创新能力存在正向激励作用。

4.2.2 银企关联负向效应的机理分析

然而，也有学者认为银企关联虽然能够降低企业的现金敏感度，缓解融资约束，但是对于企业创新也存在负面的影响。存在银企关联的企业高管更加关心收益结构的优化，为了降低贷款的违约风险，会有风险规避倾向，因此在投资决策上有可能会排斥一些高风险、高收益的投资项目。从这个角度来看，尽管企业能够获得足够的现金流，但是仍然存在流向收益一般且风险较低的项目，导致企业创新投资规模下降，这一结论也得到了许多学者的实证检验。Liu和Jiang（2016）研究认为，在民营企业和集体企业中，银企关联和产权保护对企业创新的影响存在互补作用，当企业缺少知识产权的外部保护时，银企关联对创新存在挤出效应。Ghosh（2016）基于贷款的监督效应对印度制造企业进行分析，认为企业在资产负债率较高的情况下，银企关联的存在反而会抑制企业的创新投资。

4.2.3 小结

由此可见，与政治关联不同，银企关联对企业创新影响的研究并不深入，没有对引起关联的类型和层级进行划分，也缺少对双重效应的检验以及相关影响因素的分析，因此得出的结论并不统一。对这一领域的研究有待进一步丰富和完善。

4.3 企业网络对企业创新的影响

除政府和银行之外，企业的社会资本还会更多地通过企业网络来获取。企业网络作为社会资本的重要类型，通常是指公司之间通过董事会的董事同时任职而建立的直接或间接的联系。作为企业核心竞争力的关键因素，创新对企业发展至关重要，而董事作为企业创新和战略的重要决策者，会对企业的创新投资产生重大的、关键性的影响。在这样一个企业网络中，任何一个主体都与外部利益相关者存在或多或少的联系，并从网络中获取相关的资源。因此，很多学者将研究视角放在董事会人力资本对于企业创新的影响方面。通过对此类文献的梳理，我们发现企业网络对企业创新的影响也没有统一的结论。

4.3.1 企业网络正向效应的机理分析

认为企业网络存在正向效应的学者主要基于信息不对称理论和资源效应理论。信息不对称理论认为企业网络能够发挥信息传递的功能，帮助企业获取信息资源优势，使企业掌握有价值的信息，并及时做出正确的决策，有利于企业创新。资源效应理论同样认为企业网络能够为企业带来创新资源，包括创新成果、互补技术以及技术推广等，从而提高企业的创新能力。这两种观点都得到了实证检验的印证，Carpenter 和 Westphal（2000）研究指出，如果企业处于企业网络的中心位置，更有利于同外部的联系，获取丰富的专业知识，提高企业创新水平。吴晓波和韦影（2005）以制药企业为样本，发现企业网络形成的紧密联系能够为企业搭建高质量的知识和信息输送渠道，推动该领域前沿知识的流动，有利于企业做出正确的创新投资决策。马连福等（2016）基于信息不对称和资源效应理论，研究中国技术密集型上市公司的企业网络，发现通过董事会建立的网络能够为企业带来丰富的外部资源，有效传递关键信息，促进企业的创新。Chuluun 等（2017）分析了企业网络中连锁董事不同维度的影响，认为企业连锁董事存在信息优势和扩散效应，有利于企业创新；此外拥有紧密企业网络的创新投资存在信号效应，能够向资本市场传递利好信号。Helmers等（2017）采用DID方法，将印度的公司治理改革作为外生冲击，研究外贸企业的董事会网络对创新的影响，并指出企业网络的信息传播对企业创新存在正向影响。

4.3.2 企业网络负向效应的机理分析

认为企业网络存在负向效应的学者则认为企业网络的"强"网络关系会导致企业的信息锁定，使得企业抑制了创新思维，陷入资源陷阱，反而失去创新的动力。与其他资源一样，过度依赖企业网络带来的网络资源，企业就需要付出时间、精力和成本维持网络关系。而网络间的强关系导致企业只同固定的企业和圈子保持联系，网络固化了彼此之间的发展模式，无法带来更多的新的信息和知识，最终导致网络成员之间信息和知识高度同化，即网络的锁定效应，抑制了企业创新。

这种消极作用得到了部分学者的验证，范建红和陈怀超（2014）从企业网络的研究中发现，网络嵌入程度较深的企业，信息获取的多样化会受到限制，因此抑制了企业的创新投资。

4.3.3 小结

从企业网络的当前研究现状可见，当前研究结论同样没有得到统一，支持正向效应的学者认为网络能够带来有利的资源和信息，提高创新效应；支持负向效应的学者则认为网络和其他资源一样会导致企业陷入锁定效应，且网络关系越深，越会导致企业故步自封。同样，也有学者对企业网络与创新的非线性关系进行研究，如孙国强和石海瑞（2011）认为网络中心度与企业创新的负效应存在"倒U形"关系，从网络资源的角度研究了企业网络的效应。但是该研究没有考虑企业网络的整体作用，只是研究了中心度对绩效的影响。此外，也有研究虽然没有直接分析，但是间接证实了企业网络对企业创新的影响。如Chen等（2013）研究认为通过连锁董事建立的企业网络能够获取企业外部关键的信息和资源，为董事会决策提供帮助，这种资源能够强化董事会任期和董事会教育水平对企业创新的正向影响；同时指出，具有较高创新强度的企业应该选择拥有较多社会资本的董事。李小青等（2017）基于资源依赖理论研究董事会网络对企业CEO知识禀赋和探索性创新的调节作用，结果发现董事会网络对CEO行业内工作背景和任期对探索性创新的影响存在正向的调节作用。

4.4 基于社会网络的企业网络研究

4.4.1 新兴产业中的企业网络

伴随着全球经济的快速发展，产业竞争格局随之演化，经济增长模式也发生转变，再加上全球科学技术的不断发展，使得技术扩散以及产品更迭速度加快；与此同时，产品的创新愈加困难，研发成本逐步上升。世界是相互联结的，每个部门都是一个独立而又与其他部门联系的个体，依靠网络联结成为产业创新的核心（Akcomak and Weel，2009；Laursen等，2012）。原有的企业竞争模式已经跟不上社会的进步与发展，网络层面的竞争与合作成为主要的竞争模式（许小虎和项保华，2006），只有充分利用相互关联的技术链，才能将各个部分进行联结，形成全方位的竞争合作关系（陈旭升等，2015）。从这个角度来说，产业创新以及社会网络创新的关键是获取优质的社会资源。因此，充分有效地利用社会网络获得充分的资源成为每个个体研究的重点（Subramaniam and Youndt，2005；杨震宁，2014）。

与传统产业相比，新兴产业发展尚不成熟，目前仍处于其生命周期的前期阶段，尚未形成一定的产业规模，相关设施的配备还不完善。因此，新兴产业为了发展，更加倾向于通过企业间相互联结形成合作创新网络，这种合作创新的发展模式不仅能够提高新兴产业的发展效率，还能降低其发展成本，最终实现企业绩效最大化。

研究人员发现，在新兴产业中，企业间网络的存在具有普遍性，并且对每一个网络成员都产生着深远的影响。如Oliver和Liebeskind（1997）、Staropoli（1998）等学者的研究揭示，英国的生物科技产业普遍采纳了创新网络模式，这种模式在很大程度上推动了产业的迅速壮大。Gemser等（1996）则进一步探索了创新网络对美国多个产业的影响，他们发现美国制药行业之所以能保持18%的年增长率，很大程度上归功于创新网络的推动。Gemünden等（1996）选取了包括生物科技和微电子在内的六个高新技术行业，研究发现采用创新网络的企业产量更高，与未采纳该模式的企业相比，其产量提高了近20个百分点。同时，这些企业的新产品开发程度也比未采纳创新网络的企业高出7~10个百分点。Owen-Smith和Powell（2003）在他们的研究中指出，尽管大部分关于企业间创新网络的研究涵盖了众多行业，但对于电子信息、生物制药等新兴产业而言，更有可能利用网络来加强创新。这是因为新兴行业的创新需要更高的成本、更长的时间，并且伴随着更大的创新风险。因此，采纳网络模式对于提升这些行业的技术创新效率具有重要意义。

4.4.2 股东联结网络研究

由股东能动主义的观点可知，公司的股东是企业的实际所有者，其可以对公司的重大经济决策进行干预。与管理者以及其他利益相关者相比，股东倾向于关注企业的长期利益（Shleifer and Vishny，1986；刘利，2008），也更有动力促进和推动企业进行突破式创新（刘华芳和杨建君，2013）。同时，作为企业的投资主体和最终决策者，股东能够直接影响企业创新过程，不同的股东具有的行为、动机以及对风险的偏好也不同（Parrino等，2005；杨建君和盛锁，2007；彭灿，2008）。所以，股东作为影响公司绩效的因素之一，一直是学者研究的重点，比如股权集中、股权性质、大股东参与股权制衡制度等。事实上，我国的社会关系依然处于传统的“关系型社会”（陈运森和谢德仁，2012），在各种影响企业绩效的因素中，股东因其社会连带的广泛性以及社会资本的嵌入性对企业绩效的影响更加明显。部分学者确实针对股东对企业绩效的影响进行了相关研究，但是将其影响嵌入社会网络分析框架的学者却甚少。

目前，对于企业网络的研究主要集中于社会网络视角，如由于在不同企业董事会任职而形成的连锁董事网络，企业高管与政府部门或者其他具有政治关联的人员所形成的高管政治关联网络，为了促进研发而形成的研发联盟网络，以及通过供应链、外包、研发团队等构建的各种企业网络或通过一定的方式所组成的各种战略联盟等。而在这些社会网络视角中，针对因股东联结而形成的社会关系网络的系统性研究较少。

从本质上说，股东联结比高管或者董事联结所形成的网络结构更加稳固有效，这主要是由于：一方面，企业的所有者为股东，因此，股东更加注重企业的长期发展，而企业的高级管理者或者企业的董事由于其为第三方管理者，与企业的实际所有者之间具有代理关系，因而存在信息不对称问题，容易产生非系统性风险；另一方面，股东对企业的经营与发展具有决策权，其能够直接制定企业的未来战略，因而对企业的影响更加直接，减少了中间环节，从而在一定程度上节约了企业成本，更有利于企业网络发挥积极作用。除此之外，由于股东的经济特征存在差别，同时股东交流的频率相对较低，只在召开股东大会或者公司做出重大决策时才进行信息交换，亲密程度较低，因而股东联结网络相对较弱，是一种“弱关系”联结。这一观点在Granovetter的弱关系理论中进行了介绍说明，虽然股东之间的互动频率较低，但是正是由于股东之间联系较少，这种联结才更有利于异质性资源的交换以及差别性知识和信息的有效传递，从而成为从关系网络中获取社会资本的重要途径。这种存在于股东之间的“弱关系”与企业高管以及董事形成的关系网络不同，管理者或者董事往往对公司的经营具有较大话语权，但是对于股东而言，由于其持有的股份存在差别以及投资目的多元化，股份较少的股东会出现“搭便车”行为，对于公司的经营与管理参与较少，只有持股比例较高的大股东才能够在股东网络联结中真正起到有效联结作用。

实际上，已经有学者开始关注股东社会资本和社会网络方面的研究。高闯和关鑫（2008）等学者开创性地将社会网络理论引入终极股东问题研究中，在以往传统的“股权控制链分析范式”基础上，提出了“社会资本控制链分析范式”。祝继高和王春飞（2012）、赵晶和郭海等（2014）构建了包含股东资本与社会资本的终极股东双重控制链，其中股权控制链主要基于合同条款，而社会资本控制链主要基于社会网络，与此同时，其研究还证实了公司股东主要通过社会资本来构建隐形控制链从而形成对公司的软控制。但是在股东的联结关系方面，相关研究依然较少。Anton和Polk（2010）、董大勇等（2013）学者进一步从信息扩散和关联交易的角度分析股东联结网络对股价联动关系的影响；宋力和崔甜伟（2016）则以机构投资者为研究对象，对其在网络中所处的位置对公司治理和财务报告质量的影响进行了分析。由此可以看出，已有学者对于股东联结网络的有关构建进行了探索，但是，未对股东在网络联结中所处的位置以及与其他网络成员之间的关系进行进一步深入分析。除此之外，股东的网络联结是否对企业绩效产生影响等问题仍有待探索。

5 基于股东联结的新兴产业网络特征

近年来，随着科技的发展和经济的腾飞，物联网、云计算、大数据及移动互联网等技术已经涵盖了生产和生活的各个环节。全球范围内针对信息技术的使用范围不断扩张，5G时代的到来必将使信息技术得到深入应用，会进一步改变人们的生活。新一代信息技术引导全世界的经济发展，深入渗透并不断革新传统产业，将传统产业与信息技术不断融合。新一代信息技术产业所涵盖的创新技术繁多，能够较好地与各个产业进行融合，因而其具有更好的关联效应以及带动效应，能够有效升级我国的产业结构，成为优化产业结构的中坚力量，以及生产工业化、经营信息化的重要一环。此外，由于产业内部企业间联结更为紧密，也为我们研究企业网络提供了较好的实证研究样本。

由于对企业间网络的研究涉及多学科交叉，所以研究视角各异，其中社会网络理论视角是产生于20世纪50年代的西方社会学的一种分析视角。目前，社会网络理论被越来越多的管理学家、经济学家引入各自的学科领域。

5.1 社会网络的含义及相关理论概述

5.1.1 社会网络的起源和内涵

社会网络作为一种结构主义分析方法，最早可以追溯到第二次世界大战后英国的一些社会人类学家的研究。英国学者布朗（Radcliff Brow）1940年以结构功能主义理论为基础，首次提出了“社会网络”的思想，用网络结构来描述和分析社会结构。为理解布朗提出的“社会结构”概念，从20世纪40年代到60年代，在心理学、人类学、社会学以及数学等研究领域，越来越多的学者开始思考社会生活的“网络结构”，各种网络概念纷纷出现，“社会网络”一词也逐渐步入学术殿堂（刘军，2004）。60年代，随着理论、方法和技术的进步与完善（Scott，1991；Wasserman and Faust，1994；Borgatti等，2002），社会网络成为一种重要的社会结构研究范式，社会网络理论被学者们广泛接受并开始应用。长期以来，社会网络理论主要用于社会学研究（姚小涛和席酉民，2003）。90年代，社会网络理论突破社会学研究范畴，开始应用于经济领域的研究，从社会网络视角研究企业间网络以及资源配置成为近些年新兴的企业研究热门领域。

本章研究的社会网络是指社会行动者及其相互之间的关系的集合，可以理解为由多个节点（社会行动者）以及各个节点之间的连线（行动者之间的关系）所共同组成的集合（刘军，2009）。社会网络分析所探讨的正是各个节点之间的社会纽带（social ties）和网络结构（network structure）。本书所研究的企业间基于混合所有制的交叉持股网络中，节点是网络中的企业（或者具体到企业中的存在交叉持股的股东），线是企业（或企业内股东）之间的交叉持股关系，通过这些点和线，能够构建一个总体的社会结构图。基于这种社会网络结构图，分析图中作为“线”的“点”（个人或组织）之间的关系。

5.1.2 社会网络分析法

社会网络分析（social network analysis）是西方社会学的重要分支，出现于20世纪30年代末，并在近20年得到重要发展，是研究社会结构的一种方法和技术，也是全新的社会科学研究范式（刘军，2004）。社会网络分析法是综合运用数学模型和图论来研究两个行动者之间、行动者与其所处社会网络之间、社会网络之间的关系的一种结构分析方法，主要利用图和矩阵来表示网络。

社会网络分析法是多维度的分析方法，对网络特征的描述有关系特征和结构特征两个维度。Nohria 和 Eccles（1992）对嵌入理论进行了总结，认为社会网络以关系嵌入和结构嵌入两种方式影响经济活动，基于这两种嵌入方式，学者们将网络特征分为关系特征和结构特征两个维度，并从特征因素对企业的推动作用角度进行了大量的理论和实证研究。网络关系特征主要关注构成网络的企业与其他成员之间的社会性黏着关系，主要的研究指标是网络关系强度；网络结构特征主要通过网络中心度、网络密度、网络规模和网络成分等结构特征指标，分析企业之间的关系反映出来的社会结构，以及网络中个体的位置结构性特征。本章主要分析混合所有制的交叉持股网络的结构特征，包括网络的密度、规模和成分，以及网络中的个体的位置特征（网络中心度和结构洞）。

5.1.3 社会网络主要理论

（1）弱关系优势理论

Granovetter（1973）开创性地提出网络“关系强度”（strength）的概念，并将网络关系分为强关系（strong tie）和弱关系（weak tie）两种类型。个体之间较为亲密、感情较深且经常发生互动和互惠交换，这种社会关系就是强关系；反之则是弱关系。与强关系相比，Granovetter 认为弱关系更具有优势，从而提出弱关系优势理论。弱关系优势理论认为：强关系的网络主体具有很大的相似性，接触到的信息和资源等重复较多，所带来的资源与信息大部分是冗余的；而弱关系的网络主体之间联系较为松散，因此网络成员具有广泛多样性，能够带来异质性资源和知识，避免信息和资源的冗余。此外，从网络资源获取角度来看，高成本所维持的强关系所带来的资源与信息是相对有限的，而低成本所维持的弱关系更能扩大联系范围、获取有价值的异质性信息，从而更具优势。

（2）强关系优势理论

与弱关系优势理论相对应，Krackhardt 和 Hanson（1993）提出了强关系优势理论。虽然Granovetter强调了弱关系的重要性，但资源同样能够通过强关系传递，而非仅仅通过弱关系获取。强关系意味着成员之间关系稳定，彼此信任、合作，而且获得更容易；弱关系则代表不稳定、风险和投机，获得也比较困难（姚小涛和席酉民，2003）。所以有学者认为，强关系网络能够很好地增强成员间的社会资本，长期的互利关系能够促进企业间双向、频繁的交流互动（Larson，1992；Hansen，1995；Uzzi，1997；李志刚等，2007），有利于复杂黏滞知识在网络中的转移（Dyer and Nobeoka，2000）。此外，Coleman（1988）、Rowley 等（2000）、蔡宁和潘松挺（2008）从信任的角度提出，强关系产生的企业间信任能够避免机会主义的产生，有效降低合作的不确定性和企业间冲突，提高企业创新效率。国内学者边燕杰（1998）通过对社会网络与求职过程的系统研究，认为在中国情境下强关系力量更大。

（3）结构洞理论

美国学者Ronald Burt于1992年提出了结构洞理论。Burt指出，在社会网络中存在一种现象，即许多个体并非与网络中所有个体都存在直接联系，而是仅与网络中的某些个体存在直接联系，这种现象即结构洞。当某个体将相互没有直接联系的个体或个体集团联结在一起时，该个体就占据了一个结构空洞位置。结构洞理论的核心思想在于，一个网络中最有可能给组织带来竞争优势的位置是处于关系稠密地带的位置。具体而言，企业间过于紧密的联系会带来冗余信息，占据结构洞位置的企业可以获取更多的异质性信息，从而获得信息优势。另外，企业通过对跨越结构洞的信息进行控制，从而形成一定的控制优势（许小虎和项保华，2006）。

(4) 网络嵌入理论

Polany在1957年最早使用嵌入性的概念描述现代市场的社会结构，他认为人类经济嵌入并根植于经济与非经济的制度之中。在此基础上，Granovetter（1985）进一步发展了嵌入性概念，他认为经济活动同任何其他社会活动一样，不是孤立、单纯的行为，而是嵌入社会网络关系之中，参与社会网络内的互动过程。Granovetter和Swedberg（1992）将嵌入分为关系嵌入和结构嵌入。关系嵌入是对嵌入网络中人际社会二元关系的结构和特征的刻画，行动者可以通过网络中节点间的联系纽带来获得信息；结构嵌入是对行为主体嵌入关系构成的各种网络的总体描述，存在信任的自增强机制，能够防止机会主义行为。网络嵌入理论改变了人们对经济活动和社会行为的传统认识，将社会网络研究推向了新的阶段。

(5) 社会资本理论

社会资本的概念最先由法国学者Bourdieu提出，并被定义为行动者在社会结构中所处的位置给他们带来的资源或获取资源的能力。Coleman（1988，1990）明确使用了社会资本这一概念，提出组织或个体有三种资本：财务资本、人力资本、社会资本，其中社会资本是一种以社会结构资源为特征的资本财产。Putnam认为，社会资本是某种组织特征，可以通过促进协调与合作来提高社会的效率。总之，社会资本理论认为，社会资本是个体成员在网络结构中获取稀缺资源的能力，是依赖于个体之间的社会关系而存在的网络化的资本。社会资本的研究被迅速引入企业研究领域，许多学者认为其与企业的组织、发展和战略息息相关（Tsai and Ghoshal，1998）。

5.2 样本及变量定义

5.2.1 样本选择

为了匹配出战略性新兴产业上市公司，本章根据上市公司年报中披露的主营业务范围和主营产品类型，与国家统计局2018年公布的《战略性新兴产业分类》进行对比，将没有开展实际业务、十大股东和财务数据不详的公司进行剔除，在第一步删选完成后，再剔除财务数据等尚未披露的公司，最终筛选出187家主营业务范围和主营产品类型涉及战略性新兴产业目录中新一代信息技术产业内容的上市公司。考虑到网络位置对企业绩效的影响可能出现时滞性，本章选用2012—2014年股东数据和滞后一期的企业财务数据（在稳健性检验中采用滞后两期数据），共获得561个样本数据。数据主要来源于国泰安研究服务中心和Wind中国金融数据库。

5.2.2 变量选取与定义

本章选择的网络位置指标，包括中心度、结构洞和核心度，采用社会网络分析法对企业的网络位置进行量化和分析。本章以新一代信息技术产业的上市公司为研究对象，并以此界定企业社会网络的边缘。为了尽量保证这一行业内网络的完整性，我们按照筛选出的187家企业2012—2014年的十大股东数据，将上市公司每年的十大股东数据进行对照，并根据这些公司之间是否存在共同股东进行0-1编码，其中1代表两家企业之间存在共同股东，0代表两家企业之间不存在共同股东，最终得到3个187×187的0-1矩阵。在将矩阵进行对称化后，应用UCINET软件计算出各企业的网络位置指标。

中心度常用的测量指标有程度中心度、接近中心度、中介中心度和特征向量中心度等。其中，程度中心度（degree centrality）最为直观，是与企业有直接联系的其他企业的数量，同时也可以看作个体网络的规模，体现了网络中企业的活跃程度。接近中心度（closeness centrality）是指企业与网络中所有其他企业的捷径距离之和，从而体现了企业摆脱控制的能力。但是，接近中心度指标对网络要求比较严格，必须是完全相连图形（Freeman，1979），而本章所研究的股东联结网络并不符合条件。因此，本章采用程度中心度来衡量股东联结网络中企业的中心度，用UCINET软件直接计算出网络中每个节点的程度中心度。

结构洞测量通常采用有效规模、限制度等指标。有效规模等于个体网的规模（size）减去网络的冗余度（redundancy），用来衡量网络中的非冗余因素。限制度（constraintint）是最为广泛使用的指标，体现了企业在网络中拥有的运用结构洞的能力和协商的能力，其取值范围是0~1。限制度越高，表明企业拥有的结构洞越少，其与结构洞数量负相关，能有效测量结构洞的匮乏程度（Burt，2005）。

核心-边缘结构（core-periphery）采用核心度指标对节点数据进行分析，能够反映企业在整个网络中的位置及其重要程度。核心区各节点之间联系较为紧密，而边缘区的节点之间联系稀疏。核心度的测量通常采用离散核心-边缘模型和连续核心-边缘模型。前者利用原矩阵与理想矩阵的相似程度判断核心与边缘的界限，主要用于界定成员的核心或边缘位置；后者不仅可以区分核心集和边缘集，还可以判断每个行动者在网络中的相对位置。本章采用连续核心-边缘模型，使用UCINET软件计算股东联结网络的核心度。

5.3 股东联结网络的整体结构分析

5.3.1 网络密度

网络密度测度的是整体网络的完备性，反映了网络中联系的数量和复杂程度，可以用网络中存在的联系的数量与所有可能存在的联系的数量之间的比值来衡量。学者们普遍认为高密度网络会带来组织间信任、准则共享和一致的行为模式，促进隐性知识的转移，放大网络制裁效应（Granovetter，1985；Gnyawali and Madhavan，2001；Schilling and Phelps，2007；Giovanna，2008），从而提高网络内企业的绩效（李志刚等，2007；Phelps，2010）。通过UCINET软件，对由187家企业构成的股东联结网络进行分析，计算出2012年、2013年和2014年整体网络密度分别为0.0293、0.0207和0.0271，比其他企业间网络的联系更为紧密[①]。股东联结网络的密度较大，一方面可能是新一代信息技术产业具有特殊的行业特征，使得企业间合作创新更为普遍；另一方面说明基于

① 如任兵（2007）研究测算2001年中国内地企业间连锁董事网络密度为0.004，而沙浩伟和曾伟（2014）测算2004—2010年中国上市公司间交叉持股网络的密度平均为0.002。

共同股东联结的网络比其他类型的企业间联系更为广泛。

5.3.2 网络成分

股东联结网络可以根据网络的连通性，将网络分为不同的成分。同一成分内成员可以通过直接联系或者间接联系相互传递信息、资源和知识，而从属于不同成分的成员无法取得联系并共享网络资源。本章研究的股东联结网络包括187家企业，其中最大的成分由147家企业组成，还有1组由3家企业组成和5组由2家企业组成的较小成分，以及27家与其他企业没有股东联结的孤立企业（见表5-1）。在股东联结网络的成分分布中，最大成分的企业数量占总样本数的78.6%，表明新一代信息技术产业内存在一个规模较大的相互联通的局部网络，大部分成员在这一局部网络中可以实现资源信息的传递和共享。

表5-1 **股东联结网络成分**

网络规模 187		
成分规模	成分个数	占总样本比例
147	1	78.6%
3	1	1.6%
2	5	5.35%
1	27	14.44%

表5-2和表5-3对共同股东进行统计描述，数据显示十大股东中共同股东比重在8%左右，且这些股东基本上将187家样本公司中大部分公司联结起来，2012年联结了85.56%的样本公司，2013年比重略低，但也达到了样本总量的77.54%。此外，从共同股东的类型来看，主要以机构投资者为主。相对于持股期较短、持股比例较低的短期机构投资者，持股期限较长、持股比例较高的机构投资者具有监督特征，会通过影响董事会、在股东大会上投票等方式参与公司政策制定，监督公司管理层和控股股东（Chen，2007；Ramalingegowda and Yu，2012）。宋力和崔甜伟（2016）对基于机构投资者构建的股东网络进行研究，得出结

论认为处于网络关键位置的机构投资者参与公司治理的能力也较强。此外，以往大量研究结论表明机构投资者具备实施积极主义的动机和能力，且大型机构投资者具有信息优势，有利于网络中企业社会资本的获取（程书强，2006；唐松莲和袁春生，2010；李蕾和韩立岩，2013；罗进辉，2013；孔东民和王江元，2016）。

表5-2 **共同股东描述性统计**

年份	2012	2013	2014
十大股东合计	1 624	1 643	1 625
共同股东数	136	138	138
占十大股东比重	8.37%	8.40%	8.49%
拥有共同股东的样本公司数	160	145	152
占样本数	85.56%	77.54%	81.28%

表5-3 **主要共同股东及持有公司数**

共同股东名称	持有公司数
全国社会保障基金理事会转持三户	13
中国建设银行-华夏红利混合型开放式证券投资基金	10
申银万国证券股份有限公司客户信用交易担保证券账户	9
华泰证券股份有限公司客户信用交易担保证券账户	8
中国工商银行-诺安股票证券投资基金	8
中国建设银行-华夏优势增长股票型证券投资基金	8
海通证券股份有限公司客户信用交易担保证券账户	7
国泰君安证券股份有限公司客户信用交易担保证券账户	6
全国社会保障基金理事会转持二户	5
中国人寿保险股份有限公司-分红-个人分红-005L-FH002深	5
中国银河证券股份有限公司客户信用交易担保证券账户	5
中国银行-易方达深证100交易型开放式指数证券投资基金	5

5.3.3 股东联结网络图

股东联结网络中，共同股东将两家企业联系起来，即联结是双向的，反映在矩阵上是对称矩阵，反映在网络图中则是无向图，如图5-1所示。从图中可以看出，企业间的股东联结分布并不均匀，有的企业占据重要位置，与多家企业有直接联系，如华贸物流（证券代码000503）与34家企业有股东联结，而这34家企业中大多数也与多家其他企业存在股东联结；也有的企业处于网络的边缘位置，与其他企业有较少的直接联系甚至没有联系，如27家孤立企业和5组仅与1家企业建立股东联结的企业。

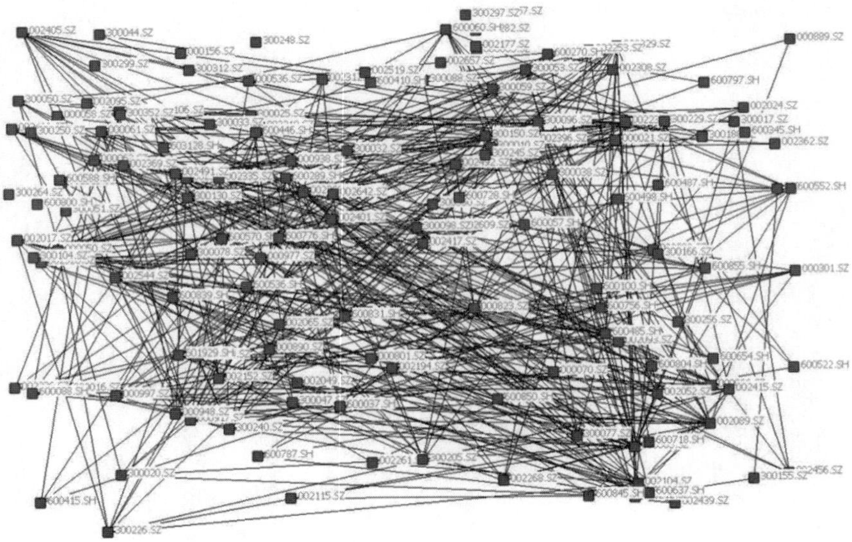

图5-1　股东联结网络图

5.3.4 结论

本章对中国沪深股市2012—2014年间新一代信息技术产业上市公司的股东联结网络进行了实证考察。研究结果显示，新一代信息技术产业上市公司的股东联结网络呈现出无标度网络的特性，即网络中少数节点拥有较多的联结，部分节点联结较少。股东联结网络的整体网络密度大，连通性好，相较于其他类型的企业间网络，新一代信息技术产业内的股东联结网络密度较高，网络成员间的联系更为紧密，共同股东现象较为普遍。

在深入分析股东联结网络的成分分布时，我们发现网络中存在一个规模较大的局部网，其中大部分成员企业相互联通。这意味着，网络内的企业，特别是局部网中的企业，彼此间的影响更加显著。这一发现对于理解新一代信息技术产业上市公司股东联结网络的结构与特性具有重要意义。

6 股东社会网络促进企业绩效的影响分析

6.1 股东社会网络构成

在社会网络分析法中，网络位置是一个核心变量，用以描述网络的结构特性。社会网络通过关系嵌入与结构嵌入这两种机制对经济活动产生深远影响。根据这两种嵌入方式，学者们将网络特征细分为关系特征与结构特征两个维度，并从特征因素的角度出发，进行了广泛的理论与实证研究。

在结构特征这一维度中，企业间的关联能够反映出社会的结构形态。这一维度特别关注网络中的位置结构性特征。作为一种现代企业在“新竞争”环境下的特殊组织形式，网络的价值主要体现为帮助企业获取生存与发展所必需的知识、信息和资源（Nohria，1992），并成为新的知识扩散源（Ahuja，2000）。

企业在股东联结网络中占据不同的节点位置，因此，不同企业所获取的知识资源存在差异。而知识资源的获取正是影响企业绩效的关键因素之一。因此，网络位置对行动者的行为与绩效具有显著影响。本章选取了网络中心度、结构洞和核心度这三个广受学者们关注的结构特征指标，来探讨与分析企业的网络位置。

6.1.1 网络中心度与企业绩效

在社会网络分析中，网络中心度（centrality）是一个核心指标，用于衡量网络中个体的相对重要性和位置。网络中心度反映了行动者通过一定途径占据网络中心位置的程度（Kilduff and Tsai，2003）。在股东联结企业网络中，中心度高的企业通常占据枢纽位置，因为它们能够与多个企业建立联系；而中心度较低的企业则往往处于网络的边缘位置，与较少的企业建立联系。

多数研究表明，在股东联结企业网络中，中心度高的企业相较于中心度低的企业具有更大的优势。

首先，这些企业在知识溢出和信息流方面具有显著优势（Powell等，1996），因为它们更容易接近和获取网络中的知识资源。网络中心度越高，企业获得的联结渠道和资源也越多（李志刚等，2007；Colazo，2010；范群林等，2010）。尤其在技术密集型的新兴产业中，技术实力强的企业往往能够占据网络的中心位置（胡晓娟等，2016）。

其次，网络中心度高的企业拥有更多的合作机会。Lange和Agneessens（2004）的研究表明，网络中的个体更倾向于与知识资源丰富、声誉良好、能力强的组织建立联系。因此，具备这些特性的企业通常具有更高的网络中心度，从而能够从合作伙伴中选择更出色的伙伴，实现技能互补并提高绩效。

最后，网络中心度高的企业还具有成本优势。这是因为处于网络中心位置的企业通常与合作伙伴建立了长期、稳定的关系，通过加强信任机制，减少了成员间的机会主义行为，从而降低了交易成本。

综上所述，本章提出以下假设：

H1：在股东联结网络中，企业的网络中心度与企业绩效呈正相关关系。

6.1.2 网络结构洞与企业绩效

结构洞这一概念最早由Ronald Burt提出，它指的是两个关系人之间的非重复关系。当网络中某个个体能够使原本没有直接联系的个体或团体产生联结时，这个个体就占据了一个结构洞。在实际的商业合作网络中，由于并非所有企业个体之间都会建立直接联系，因此结构洞现象普遍存在。

当企业占据结构洞的位置时，它们能够获得两大优势：信息优势和控制优势。这些优势使企业能够与更多原本没有直接联系的企业建立广泛的联系，进而获取更多高质量的异质性信息。此外，结构洞的存在使得处于中间位置的行动者能够发挥重要的联络作用，从而在很大程度上控制资源的流动。这种控制力不仅有助于企业抵御来自其他企业的威胁，还能为企业创造更多的合作机会，进而为提升企业绩效奠定坚实的基础。

Zaheer和Bell（2005）指出，处于网络中的企业如果拥有更多的结构洞，它们将处于网络的关键位置，掌握更多的知识资源和信息流，从而实现绩效的提升。此外，从投资成本的角度来看，与存在“重复关系”的企业建立联系可能会增加不必要的成本并造成资源浪费。相比之下，占据结构洞的企业能够减少冗余联系并建立更加有效的网络，这有助于节省管理成本，提高绩效。

基于以上分析，我们提出以下假设：

H2：在股东联结网络中，企业占据的结构洞数与企业绩效呈正相关关系。

6.1.3 核心-边缘位置与企业绩效

网络中心度与核心-边缘位置的描述基础与视角存在差异。网络中心度是基于个体网络的角度进行描述的，而核心-边缘位置则是从整体网络视角出发，用以判断企业在网络中的边缘或核心地位（Borgatti and Everett，2000）。根据企业在网络中的位置，我们可以划分出网络核心企业和网络边缘企业。网络核心企业与周围企业保持紧密的联系，相对而言，网络边缘企业与其他企业的联系则较为稀疏，甚至可能仅与核心企业存在单向联结（胡海青，2011）。

有学者将网络位置的核心度与网络权力程度相结合进行刻画（Astley and Sachdeva，1984），并强调占据这些关键位置的企业在战略上具有显著优势（Madhavan等，1998）。一方面，当企业占据网络核心位置时，不仅对成员企业拥有强大的操控力和影响力，而且在获取知识资源和信息流方面具有明显优势，能够更快地获取更丰富的信息资源（段海艳，2009）。对于高新技术企业而言，这种快速获取信息资源的能力尤为重要，因为需要将实验产生的专利转化为市场化产品。因此，网络核心度较高的企业更有可能在这种合作中获益，从而更早地实现绩效目标（胡海青，2011）。另一方面，核心-边缘理论还指出，除了核心位置企业间的紧密联系带来的优势外，边缘位置企业在选择合作对象时倾向于与核心位置企业合作，这也是其获得竞争优势的重要因素之一。核心位置的企业具有更多选择权，能够从众多合作对象中挑选出高质量且互补的企业进行合作，从而提升企业绩效。

基于以上分析，我们提出如下假设：

H3：在股东联结网络中，企业是否处于核心位置与企业绩效呈正相关关系。

6.2 样本及变量定义

6.2.1 样本选择

随着物联网、移动互联网、云计算等新一代信息技术在全球范围内的迅猛发展和广泛应用，这些技术在我国传统产业中的融合与渗透已成为优化产业结构的关键所在。不仅如此，这些技术还在推动信息化与工业化的深度融合中，发挥着战略引领、先导驱动的重要作用。这些信息技术产业以其广泛的应用领域、丰富的技术内涵、强大的渗透能力以及紧密的企业联系等特点，展现出强大的关联效应和带动效应，为我国企业网络的实证研究提供了难得的样本。

技术整合能够增强企业的吸引力，进而与客户及合作伙伴建立稳固的合作关系。本章根据上市公司年报中披露的主营业务范围和主营产品类型，与国家统计局2018年公布的《战略性新兴产业分类》进行对比，将未开展实际业务、十大股东和财务数据不详或未披露的公司删除后，得到187家上市公司，这些公司的主营业务涵盖了新一代信息技术产业的多个领域。考虑到网络位置对企业绩效的影响及其潜在的时滞性，本章选取了2012—2014年间的股东数据以及滞后一期的企业财务数据（在稳健性检验中采用了滞后两期的数据），共获得561个样本数据。数据主要来源于国泰安研究服务中心和Wind中国金融数据库。

6.2.2 变量选取与定义

（1）因变量。企业绩效是我们的因变量，本章用净资产收益率（ROE）衡量企业绩效。之所以选取净资产收益率基于以下原因：本章的研究以股东联结网络为基础，而净资产收益率可以反映股东权益的收益水平，所以净资产收益率比其他利润指标更能体现股东联结的企业网络对一个企业绩效的影响。

（2）自变量。本章以新一代信息技术产业上市公司为对象，深入探讨了网络位置指标，具体涵盖中心度、结构洞、核心度三个维度。为量化并分析这些指标，我们采用了社会网络分析法。为确保研究样本的完整性与代表性，我们选取了这187家上市公司，并界定了网络的边缘。

为了构建公司间关系网络，我们手工整理了这些公司在2012—2014年间每年的十大股东信息。若两家公司存在共同股东，则标记为1；若不存在共同股东，则标记为0。据此，我们构建了3个187×187的0-1矩阵，以反映公司间的关联情况。为了获取企业的网络位置指标，我们利用UCINET软件进行计算。但在计算之前，需要对这些矩阵进行对称化处理，以确保数据的准确性与分析的有效性，为深入研究新一代信息技术产业上市公司的网络位置提供有力支持。

中心度常用的测量指标有程度中心度、接近中心度、中介中心度和特征向量中心度等。其中，程度中心度（degree centrality）最为直观，是与企业有直接联系的其他企业的数量，同时也可以看作个体网络的规模，体现了网络中企业的活跃程度。接近中心度（closeness centrality）是指企业与网络中所有其他企业的捷径距离之和，从而体现了企业摆脱控制的能力。但是，接近中心度指标对网络图形要求很高，必须是完全相连图形（Freeman，1979），而本章所研究的股东联结网络并不符合条件。因此，本章采用程度中心度来衡量股东联结网络中企业的中心度，用UCINET软件直接计算出网络中每个节点的程度中心度。

结构洞的测量通常采用有效规模和限制度等关键指标。有效规模作为衡量网络中非冗余因素的一种指标，具体表现为个体网络规模与网络冗余度之差。而限制度这一指标则广泛应用于评估企业在网络中的结构洞运用和协商能力，其取值范围限定在0~1之间。限制度与结构洞的数量之间存在明显的负相关关系，从而可用以衡量结构洞的匮乏程度（Burt，2005）。具体来说，限制度越高，由于负相关关系的作用，各企业的结构洞数量将越少。除了有效规模和限制度，效率和等级度等也是评估结构洞常用的测量指标。

核心-边缘结构的常用指标为核心度。通过深入研究节点数据，能够精准揭示企业在网络中所处的位置及其重要程度。在网络中，核心区各节点之间的联系通常较为紧密，而边缘区节点之间的联系相对稀疏。通过对核心度指标的评估，不仅能够明确区分核心区和边缘区，还能准确判断各行动者在网络中的相对位置。在测量核心度时，我们通常采用离散核心-边缘模型和连续核心-边缘模型。其中，离散核心-边缘模型主要用于界定成员的核心或边缘地位，它基于原始矩阵与理想矩阵间的相似度来确定核心与边缘的界限。而连续核心-边缘模型则可以区分出核心集和边缘集，并进一步评估网络中每个角色的相对位置。本章研究采用连续核心-边缘模型，使用UCINET软件进行网络核心度的计算，以确保分析结果的准确性和可靠性。

（3）控制变量。企业绩效受到许多因素的影响，如财务指标和非财务指标等。我们选取的控制变量有：财务指标中的企业规模和资产负债率，企业股权结构指标中的股权集中度、管理层持股比例和国有股比例。

本章所有变量及其含义见表6-1。

表6-1 变量定义表

变量	变量名称	变量符号	变量含义
因变量	净资产收益率	ROE	税后净利润/股东权益平均余额×100%
网络位置变量	中心度	Degree	程度中心度
	结构洞	Constra	限制度
	核心度	Corene	核心-边缘结构
控制变量	股权集中度	H10	前10位大股东持股比例平方和
	国有股比例	RP	国有股持股比例
	企业规模	lnA	总资产自然对数
	资产负债率	RAL	负债总额/资产总额×100%
	管理层持股比例	RMH	管理层持股比例之和

6.3 描述性统计

表6-2详细展示了解释变量和被解释变量的描述性统计结果。从新一代信息技术行业上市公司的净资产收益率数据可见，该行业的平均净资产收益率仅为6.930，最低值为-98.179，最高值为57.688。这一数据反映了行业整体的收益水平相对较低。从企业中心度的描述性统计来看，其平均值为4.780，最高值为32（仅有一家企业达到），而最低值则为0（有33家企业处于此水平）。这表明通过共同股东与多家企业建立联系的企业数量并不多，大多数企业的中心度相对较低。在结构洞的数据描述性统计中，企业的限制度平均值为0.588，最高值为1.125，最低值为0.110。这说明在行业中占据较多结构洞的企业数量亦不多，多数企业的限制度处于中等水平。另外，在核心度统计中，其平均值为

0.039。这一数据表明，在股东联结网络中处于核心位置的企业数量较少，大多数企业处于网络的边缘位置。

表6-2 变量数据的描述性统计

变量	最小值	最大值	平均值	标准差	样本数
ROE	-98.179	57.688	6.930	10.935	561
H10	0.004	0.504	0.137	0.094	561
RP	0.000	63.462	3.014	10.172	561
lnA	19.593	25.518	21.823	1.075	561
RAL	3.940	96.370	37.982	19.973	561
RMH	0.000	68.956	18.456	20.991	561
Degree	0.000	32.000	4.780	5.095	561
Constra	0.110	1.125	0.588	0.317	561
Corene	0.000	0.397	0.039	0.062	561

此外，样本企业的资产负债率平均值为37.982，最高值为96.370，最低值仅为3.940。这一数据反映了样本企业在债务融资程度上的显著差异。从选取的样本企业的股权集中度来看，其平均值为0.137，最高值为0.504。这表明新一代信息技术产业的股权相对集中，少数股东持有较大比例的股权。

6.4 回归结果分析

为检验网络位置对企业绩效的影响，本章将净资产收益率作为因变量，将中心度、结构洞、核心度和其他控制变量等数据分别进行回归分析，结果见表6-3。

表6-3 **网络位置对企业绩效的回归结果分析**

变量	因变量：企业绩效（ROE）			
	（1）	（2）	（3）	（4）
H10	0.152*** （3.758）	0.147*** （3.662）	0.139*** （3.142）	0.150*** （3.737）
RP	−0.005 （−0.109）	0.007 （.173）	0.005 （.111）	−0.004 （−.096）
lnA	0.324*** （6.327）	0.307*** （6.042）	0.329*** （5.791）	0.319*** （6.300）
RAL	−0.282*** （−5.699）	−0.269*** （−5.499）	−0.250*** （−4.518）	−0.268*** （−5.459）
RMH	0.093** （2.022）	0.113** （2.473）	0.162*** （3.193）	0.105** （2.301）
Degree		0.149*** （3.708）		
Constra			−0.156*** （−3.458）	
Corene				0 .143*** （3.582）
Adjusted R^2	0.103	0.124	0.129	0.122
F值	13.917***	14.156***	12.285***	13.984***

注：表中系数为标准化回归系数；*表示 $p < 0.1$；**表示 $p < 0.05$；***表示 $p < 0.01$。

表6-3给出了企业绩效的OLS回归结果。

第（1）列为控制变量对企业绩效影响的多元回归模型，是基准模型。结果显示企业规模和股权集中度都对企业绩效有显著正向影响。

第（2）列将中心度指标（Degree）引入基准模型，用于检验企业在股东联结网络中的中心度对企业绩效的影响，模型解释力显著增加

(ΔR^2=0.021)。回归结果表明，中心度指标与净资产收益率显著正相关，影响系数为0.149，并在0.01的水平上显著，说明网络中心度对公司绩效存在显著的正向影响，假设H1通过检验。

第（3）列将结构洞指标（Constra）引入基准模型，用来检验企业在股东联结网络中的结构洞丰富程度对企业绩效的影响，模型解释力显著增加（ΔR^2=0.026）。其结果表明限制度与净资产收益率显著负相关，影响系数为-0.156，在0.01的水平上显著。由于限制度是结构洞的负向指标，说明企业占据的结构洞数对公司绩效存在显著的正向影响，假设H2通过检验。

第（4）列将核心度指标（Corene）引入基准模型，用来检验企业在股东联结网络中的核心度对企业绩效的影响，模型解释力度显著增加(ΔR^2=0.019)。其回归结果表明核心度与净资产收益率显著正相关，影响系数为0.143，并在0.01的水平上显著，说明企业所处位置的核心度对公司绩效存在显著的正向影响，假设H3通过检验。

6.5 稳健性检验

出于结论的可靠性考虑，本章从变量采用方面进行模型的稳健性检验。在因变量方面，通常用于衡量企业绩效的指标还有总资产收益率(ROA)，即净利润与平均资产总额的比值，平均资产总额是期初资产总额和期末资产总额的平均值，因此使用总资产收益率（ROA）替代净资产收益率（ROE）来表示企业绩效。在自变量方面，网络中心度指标又由程度中心度（Degree centrality）改为中介中心度（Betweenness centrality)，结构洞指标改为采用有效规模（EffSize）衡量，用核心-边缘离散模型代替连续模型来计算核心度。其中，中介中心度是指网络中通过某个企业的捷径条数，衡量了企业对资源的控制程度。有效规模为个体网络规模（Size）与网络冗余度（Redundancy）之差，用来衡量网络中的非冗余因素（刘军，2007)。核心-边缘离散模型是将网络中的所有企业分成了两大类，一类核心度被定义为1，一类核心度被定义为0，具体来讲，核心度等于1的企业即处于网络核心位置；相反，核心度等于0的企业则处于网络边缘位置。

表6-4给出了稳健性检验结果。第（1）列的回归结果表明，中介中心度指标与总资产收益率显著正相关，影响系数为0.125，并在0.01的水平上显著，说明网络中心度对公司绩效存在显著的正向影响，与主回归表6-3结论一致。第（2）列的回归结果表明，有效规模与总资产收益率显著正相关，影响系数为0.168，在0.01的水平上显著，说明结构洞对企业绩效存在显著正向影响，与上文回归结论是相同的。第（3）列的回归结果表明，核心度与总资产收益率显著正相关，影响系数为0.125，并在0.01的水平上显著，说明企业核心度对企业绩效存在显著正向影响，与上文回归结论是一致的。本章为了进一步增强结论的可信度，对因变量进行了滞后两期处理，结果表明无论是自变量还是替代指标的结论均与之前一致（因篇幅关系，滞后两期检验仅给出部分检验结果）。因此，综合检验结果来看，本章的实证结果并未改变，假设H1、H2、H3得到进一步验证。

表6-4　　**网络位置对企业绩效影响的稳健性检验（部分）**

变量	因变量：企业绩效（ROA）			因变量：滞后两期企业绩效（ROA）		
	（1）	（2）	（3）	（4）	（5）	（6）
H10	0.092**	0.091**	0.088**	0.116***	0.116***	0.113***
	（2.283）	（2.269）	（2.172）	（2.870）	（2.875）	（2.785）
RP	0.005	0.011	0.016	−0.003	0.001	0.004
	（.122）	（0.261）	（0.380）	（−0.064）	（0.013）	（.094）
lnA	0.278***	0.266***	0.262***	0.149***	0.140***	0.138***
	（5.408）	（5.199）	（5.012）	（2.906）	（2.727）	（2.628）
RAL	−0.318***	−0.314***	−0.310***	−0.297***	−0.294	−0.291***
	（−6.446）	（−6.395）	（−6.245）	（−6.009）	（−5.970）	（−5.840）
RMH	0.091**	0.096**	0.091**	0.106**	0.108**	0.101**
	（1.976）	（2.100）	（1.962）	（2.296）	（2.356）	（2.182）
Betweenness	0.125***			0.150***		0.119***
	（3.068）			（3.690）		（2.824）

续表

变量	因变量：企业绩效（ROA）			因变量：滞后两期企业绩效（ROA）		
	（1）	（2）	（3）	（4）	（5）	（6）
EffSize		0.168*** （4.145）			0.173*** （4.250）	
Corene			0.125*** （2.973）			0.119*** （2.824）
Adjusted R^2	0.124	0.120	0.107	0.108	0.115	0.099
F值	14.156***	13.686***	12.138***	12.287***	13.106***	11.247***

注：表中系数为标准化回归系数；*表示 $p < 0.1$；**表示 $p < 0.05$；***表示 $p < 0.01$。

7　新兴产业的产业特征与网络嵌入的匹配研究

基于商业模式要素模型，结合商业模式创新发展趋势和研究现状，本章对企业价值创造的功能进行模块化、系统化和网络化，从创新网络视角对新兴产业的商业模式的创新过程进行分析。其中，商业模式创新网络的价值模块包括功能模块和系统模块，界面规则包括功能规则、结构规则和网络关系规则。通过构建创新网络视角下的商业模式分析理论模型，商业模式的创新过程被视为网络内不同模块按照新的界面标准重新整合的动态过程。

7.1　产业创新网络的理论演化与研究动态

Schumpeter（1912）的创新理论为产业创新理论奠定了研究基础，他构建了一个解释经济变迁和进步的演进经济学框架，将不断从内部彻底变革经济结构、革新旧产业、创造新产业的创新称为产业突变，认为创新就是将从没有过的生产要素和生产条件的新组合引入生产体系。随着各种新兴技术的不断发展，各产业间技术不断交叉和融合，传统产业发生了根本性的变化，自Cunningham（1960）最早提出产业创新的概念，并对产业问题的差异性和绩效标准进行比较以来，产业创新成为学者们关注的焦点。如Freeman（1974）对电力、钢铁、石油、电子信息等多个产业的创新进行实证研究；Nelson（1987）对130个产业展开调查，探究科学研究对不同产业技术进步的重要性等。

7.1.1 创新网络的理论演化

20世纪80年代以后，随着网络合作化技术创新概念的兴起，产业创新的研究视角得到了进一步的拓宽。在这一背景下，日产、丰田、三菱等日本企业积极与其他组织构建网络战略联盟，从而显著提升了网络成员的创新能力（Rycroft and Kash，2004）。学者们开始意识到产业创新的核心不再是单独的公司，而应是包含其在内的创新网络（Powell等，1996）。网络和系统概念的引入推动产业创新的研究，主要包括创新网络的概念、作用及对产业发展的影响。

从产业创新网络的理论发展历程来看，最早可追溯至Williamson于1985年提出的交易理论。交易理论首次阐释了网络是介于市场交易与层级组织之间的一种组织形式，这是由企业与市场相互作用、相互替代而形成的一种企业契约关系或制度安排，从而将网络理论引入产业创新研究之中。随后，Poter在1990年提出了钻石模型，将产业基础理论引入创新系统，构建了产业创新系统的理论框架。Imai和Baba于1991年进一步提出创新网络是为了适应系统创新的基本机构安排。Freeman在1991年基于他们的理论，将创新网络定义为应对系统性创新的基本制度安排，其中网络构架的主要联结沟通机制就是企业间创新协作关系。DeBresson和Amess在1991年则进一步指出创新网络是相对松散的、非正式的、隐含的且可分解重组的相互关系系统。

Rothwell在1992年通过比较美国和日本创新过程的时间成本曲线，首次提出了将大量内部和外部合作者相联结的系统集成网络模型，从而进一步完善了产业创新系统理论。在此基础上，1997年有学者将产业创新细分为技术和技能创新、产品创新、流程创新、管理创新和市场创新，并首次将系统理论引入产业创新理论中，明确指出产业创新是一个系统性概念。Breschi和Malerba在1997年则基于演化理论，以国家创新系统和技术系统为基础，构建了产业创新系统，该系统是涵盖了产业产品的开发、制造和产业技术的产生、运用等公司各类相关活动的一种系统性集合。

创新网络的提出为产业创新领域开辟了新的思路。大量的研究已经证实，系统间的信息和知识交换能够带来更加有效的创新，这包括企业间、行业间、地域间以及学科间的交流与合作（Kaufmann and Tödtling，2000，2001；Ritter and Gemünden，2003）。

7.1.2 产业创新网络的作用与影响

关于产业创新网络形成的原因，有很多种论述，如Williamson（1985）的交易费用论、Hirschman（1970）的资源依赖论、Polanyi和Granovetter（1985）的嵌入论等。Lowendahl（2001）基于以往研究，提出形成创新网络的根源在于较高的外部创新风险和不确定性，单个创新个体无法完全适应技术的变化，为了规避风险和降低创新成本，会形成相对稳固的网络关系以应对环境变化和竞争。

在产业创新网络的作用方面，学者们认为创新网络主要从风险共享、获得新市场与新技术、加快产品推向市场的速度、联营互补、合同不完全情况下的产权保护、获得额外知识等六个方面推动了产业的发展，并通过实证研究进行了证实。研究涵盖了多个领域，如服务业、农业、制造业以及高技术产业等。在此基础上，学者们进一步指出，创新网络不仅能够促进产业内的创新发展，对不同产业间的创新传递同样具有重要的作用（Nooteboom，2000；Erickson and Jacoby，2003）。

在产业创新网络对产业发展的影响方面，尽管创新网络的研究涵盖众多行业，但正如Owen-Smith和Powell（2003）所得出的结论，由于新兴行业较高的时间压力、创新成本和创新风险，生物制药、电子信息和高科技制造业等新兴行业更倾向于采用创新网络来加强创新，从而提高其技术创新效率。如Oliver和Liebeskind（1997）、Staropoli （1998）、Baum等（2000）的研究表明，英国的生物科技产业广泛采用创新网络模式，并促进了产业的快速发展；Gemser等（1996）研究了创新网络对多个美国产业的影响，发现美国制药行业18%的年增长率在很大程度上归功于创新网络；Gemünden等（1996）对生物科技、医疗设备、微电子等六个高技术行业进行了研究，发现采用创新网络的公司与其他公司相比，产量提高了将近20%，新产品开发程度高出7%~10%。

7.1.3 基于社会网络的创新网络研究

随着新经济社会学的发展，社会网络理论作为一种新的研究范式被广泛运用于网络创新中。社会网络最早被用于心理学研究，Granovetter（1985）提出的嵌入性理论将社会网络研究推向了新的阶段，他认为经济活动是在社会网络内的互动过程中进行的。之后Uzzi、Barber等诸多学者在此基础上对理论进行了补充，Nohria和Eccles（1992）对嵌入理论进行了总结，认为社会网络以关系嵌入和结构嵌入两种方式影响经济活动。基于这两种嵌入方式，学者们将网络特征分为关系特征和结构特征两个维度，并从特征因素对创新网络的作用角度进行了大量的理论和实证研究。

网络结构特征主要关注企业之间的关系所折射出来的社会结构，强调网络中位置的结构性特征。从以往的文献来看，学者主要关注的结构特征指标包括网络中心度、网络密度和网络规模。

在网络中心度方面，Agneessens（2004）的研究表明，网络联结具有意识活动偏好，网络中的个体通常倾向于与知识资源丰富、声誉好、能力强的组织建立联系，从而使得具有这些特质的个体中心度高于其他个体。网络中心度关系到网络中的企业接近和获取具有价值的知识和资源的能力，与其他企业相比，处于中心位置的企业在知识溢出和信息流方面具有明显的优势（Powell等，1996）。因此大部分研究表明网络中心度越高，获得渠道和资源的机会就越多，有助于提高企业绩效（李志刚等，2007；Colazo，2010；范群林等，2010）。

而也有观点认为处于较高中心度的企业容易受到网络规则的约束，使企业嵌入网络关系中，对网络内知识依赖程度上升，限制了企业的创新视野（Mumford and Gustafso，1988）；相反，网络位置的边缘化意味着企业不会受到网络准则的干预，拥有更多机会与其他网络进行外部联结，这种边缘的优势反而会使企业获得创新的成功（Sutton and Hargadon，1996）。沈必扬和陈炜（2007）的研究则表明尽管网络中心度较高的企业比其他企业更可能拥有良好的创新绩效，然而部分绩效与网络中心度的关系并不明显，并认为网络中心度与绩效并非具有绝对的因果关联。

在网络密度方面，学者们对于网络密度与企业创新效率之间关系的结论争议较大。尽管一部分学者认为高密度网络所带来的组织间信任、准则共享和一致的行为模式会促进隐性知识的转移，放大网络制裁效应，从而提高网络内企业的绩效（李志刚等，2007；Phelps，2010），然而也有学者认为高密度网络具有封闭性趋向，网络中企业的紧密联结关系会导致企业获得知识和资源的同质性和重复性增强，此外高密度带来的网络制裁效应也会对企业的创新行为产生约束，导致较高的创新成本（Kraatz，1998）。相反，疏松的网络结构能够通过获取异质性信息、减少信息冗余、占据信息控制优势，从而获取更高的产出（Burt，1992；Zaheer and McEvily，1999）。

在网络规模方面，网络规模的大小决定了网络内企业资源的多少，规模较大的网络能够在帮助企业识别和获取有价值的知识资源的同时，降低企业间知识转移的成本，从而促进企业提高创新产出和绩效，这得到大量实证研究结论的支持（Zhao and Aram，1995；Liao and Welsch，2001；Johannisson and Ramirez-Pasillas，2001）。然而，Bourgeois（1981）、Burt（1992）、Nohria和Gulati（1996）等学者则认为网络存在最优规模，在达到最优规模之前，网络规模的扩张会带来异质性的信息和资源，提升网络内企业的绩效；然而超出最优规模后，大量同质化的信息传递会降低资源的有效性，使得很多联系变为冗余，这种规模扩张无法有效地为企业带来新的资源。

关系特征则主要关注构成网络的企业及其他成员之间的社会性黏着关系，表现为网络关系强度。网络关系强度由Granovetter（1973）开创性地提出，他将企业间的网络关系分为强、弱两种模式，并考察了不同关系强度对知识转移的影响，指出由于弱关系网络主体之间联系较为松散，因此网络成员具有广泛性和多样性，能够带来异质性资源和知识，避免信息和资源的冗余；Burt（1992）进一步提出结构洞理论，认为由非冗余成员形成的网络关系更利于信息的交流；Hansen （1999）则从成本角度提出，弱关系之间互动频率较低，因此不会挤占企业本身的时间和资源，从而降低了网络成员之间的沟通成本；Uzzi （1999）同样认为弱关系网络不存在惰性和路径依赖，因此不会受到关系网络的约束和限制，反而能够获得新颖和有价值的信息。针对这些论断，也有学者提出相反的观点，认为强关系网络能够很好地增加成员间的社会资本，通过长期的互利关系促进企业间双向、频繁的交流互动，有利于黏滞知识在网络中的转移（Dyer and Nobeoka，2000）。此外，Coleman （1988）、Rowley （2000）、蔡宁和潘松挺（2008）从信任的角度提出，强关系产生的企业间信任能够避免机会主义的产生，有效降低合作的不确定性和企业间冲突，提高企业创新效率；Philipp 和 Kaser （2001）、Simsek（2003）均提出网络中企业的信任程度能够促进企业间知识的共享；Powell 等（1996）进一步提出声誉信任能够带来间接效应，吸引更多的优质合作者进入网络。

在以往研究基础上，学者们开始进一步对不同产业适用的网络关系进行研究，如 Rowley（2000）提出半导体产业比较适合采用弱关系网络结构，而强关系网络则适合利用现有知识的渐进式创新，比较适用于钢铁等产业；Gilsing 和 Nooteboome （2005）则认为强关系网络对生物技术行业网络的探索式创新具有积极作用，而弱关系网络更适合多媒体行业中的开发式创新。

7.2 新兴产业特征分析：基于产业生命周期理论

基于产业生命周期理论，同人类的生长过程相似，产品与产业的发展同样也有一个从幼稚期到成熟期、再到衰退期的过程。在产品的生命周期中，受到市场竞争、技术进步等因素的影响，每一种产品都要经历引入期、成长期、成熟期和衰退期四个阶段，但这一过程并非终结，随着技术的持续进步和市场的不断变化，具备相似功能的新型产品又将进入新一轮的研发流程。与此类似，产业按照发展阶段也会经历类似的过程。对应不同性质的产业部门，产业生命周期主要可以分为五个阶段。

7.2.1 产业生命周期的不同阶段

（1）新兴阶段

新兴阶段指的是在某一科技领域取得重大突破后，通过运用该科技成果，衍生出一系列新型产品，进而催生出一个新的产业部门。由于这些产品的新颖性和市场接受度的不确定性，仍处于小批量试生产阶段。在这一阶段，产品试制费用高昂，生产成本也相对较高，同时需要大量的广告促销投入。因此，整个产业尚未实现盈利。处于此阶段的产业即为新兴产业，或先导产业。

（2）朝阳阶段

经过试销期的考验，该产业已顺利过渡到朝阳阶段，其产品正式获得市场认可并进入批量生产和扩大销售的新阶段。在这一阶段，销售额展现出迅猛的增长势头。随着生产规模的扩大和生产设备及工艺的逐渐成熟，成本结构得以优化，产业整体逐渐由亏损转为盈利，利润亦持续呈现增长态势。在这一背景下，该产业得以确立为主导产业地位。

（3）支柱阶段

在产业发展的支柱阶段，主导产品市场已经呈现出相对稳定的态势，并且已经顺利进入畅销期。在这一阶段，市场的销售量保持在一个较高的水平，尽管其增长速度相较于朝阳阶段有所放缓。这一阶段的特点在于产量规模化、生产工艺成熟稳定，以及企业经营管理日趋规范。此外，设备、劳动力和资源等生产要素得到了有效配置和充分利用，从而实现了成本的最小化。因此，产业的利润水平在这一阶段达到了最高点。与这一阶段相对应的产业，我们称之为支柱产业。

（4）夕阳阶段

在产业发展的夕阳阶段，产品销售普遍呈现出停滞或逐渐下滑的趋势。此时，主导产品实现了广泛普及，同时市场上可能已经涌现出性能更优、成本更低的替代品，这些因素共同导致产业利润率开始逐步降低。

（5）衰落阶段

衰落阶段，指的是因技术革新、市场变化、宏观经济形势等因素导致产业的主导产品销路不畅，利润空间被大幅压缩，产业整体呈现萎缩态势。

这五个阶段紧密相联，互为因果，共同构成了产业发展的生命周期。在每个阶段，都有独特的产业类型与之对应，这些产业类型各具特色，共同构成了一个完整的产业结构。这些产业类型与它们所处的阶段紧密相联，反映了产业发展的不同阶段和发展特征。

7.2.2 不同阶段的产业特征比较

新兴产业作为科技进步的产物，代表着革新力量，将对未来经济社会的整体进步产生深远影响。特别是那些以非传统技术为基础所形成的新兴产业，被誉为高新技术产业。在当前的全球科技与经济格局下，新兴产业主要涉及新能源、新材料、信息技术、生物工程、海洋科技及空间技术等领域。作为推动产业结构演进的新生力量，新兴产业在形成与发展初期，呈现出高度的不确定性、较大的风险以及相对的优势等特征。

主导产业处于产业生命周期的朝阳阶段，具有高创新率、高增长能力、高扩散效应的特点，对其他产业存在较大的带动和引导作用，并在很大程度上能够决定整个产业的结构特征以及未来的发展趋势。主导产业作为产业结构的核心和主角，其选择是否合理除了会影响主导产业本身的发展外，甚至会决定整个区域经济和产业结构的发展方向。由此可见，主导产业的决策合理化是产业结构合理化的前提和基础。

优势产业通常展现出良好的运行状态、合理的资源配置，并且在当前市场中的一定份额，其在特定区域和时间范围内能够实现较高的投入产出比率。然而，并非所有优势产业都能成长为支柱产业。支柱产业不仅要求产业在经济总量中占有显著份额，而且需要其对相关产业具有明显的带动作用。一种产业的发展需要经历漫长的成长、发育、成熟和淘汰过程，只有在市场竞争中稳定生存并持续壮大的产业，才能在经济总量中占据较大份额，最终成为支柱产业。

与此相对，夕阳产业指的是那些逐渐走向衰落的传统产业部门，这些产业的产品销售总量在一段时间内持续下滑，产业规模逐渐缩小，产业内需求增长减缓或停滞，且产业收益率低于其他产业的平均水平。

新兴产业、主导产业、支柱产业以及夕阳产业各自反映了产业发展不同阶段的特征。新兴产业对未来经济发展具有潜在推动作用，对长期经济走向的具有潜在的引导效应。随着时间的推移，部分新兴产业将逐渐成长为主导产业和支柱产业。主导产业对经济增长具有显著贡献，并构成产业结构的核心与演化中心。而支柱产业则侧重于展现产业发展的当前状况与规模，为国民经济的发展提供坚实的支撑。相对而言，夕阳产业则是指那些正在逐渐衰退的产业。

7.3 战略性新兴产业现有商业模式形态

7.3.1 节能环保产业的商业模式形态

以节能服务为核心，节能环保产业的经营模式从合同能源管理向合同环境服务演进。

合同能源管理模式是节能服务行业当前较为典型的商业模式，从理论上看这种模式能有效解决节能机组节能改造意愿不强的问题，构建了更为合理的利益分配机制。合同能源管理这一模式的实质是通过节约能源成本来支付节能环保项目的费用。这一模式的逻辑是允许用户用未来的收入对现在的节能减排环保设备及服务进行升级，包括污水处理、固废处理、空气处理、电机变频、工业自动化、余热利用、LED照明、建筑节能等。这种商业模式有效实现了各方共赢，能确保在政策推动下节能减排和环保项目进展顺利。

环保领域引入这一模式后，又产生了合同环境服务新模式。这一模式为环境责任主体以合同的方式向专业环境服务企业采购提供了集投融资、设备集成、工程建设、运营、最终环评效果等环节于一体的综合环境服务产品，依据最终环境效果定价并支付费用。

节能环保产业的商业模式形态见表7-1。

表7-1 **节能环保产业的商业模式形态**

类型	组织形式	特点
节能环保超市	它是一种将具有节能环保功能的生活用品面向消费者集中销售的专业超市，采用连锁经营模式	随着消费者环保意识的提高，节能环保成为一种新的营销理念。节能环保超市模式缩短了产品生产商与终端消费者的距离，适合消费品的零售和直销，不适合节能环保工业品的销售
节能环保集成服务商	通过整合节能环保产业的技术、产品、资金、人才、服务等优质资源，打通上下游产业链条，为客户提供“一站式”综合服务	这是一种典型的纵向一体化模式，这类企业通常在细分领域产业链中占据关键环节，或拥有特殊资源，能对产业链上下游企业施加影响，从而形成以其为龙头的集成服务商
节能环保市场	它是将各个行业内的企业集中到一起的专业化实体或虚拟市场，是一个可以为用户提供多种选择的集市或综合服务平台	该市场形成需要满足三个条件：一是能够产生上下游的买卖关系；二是能够共享有价值的公共资源；三是能够产生整体的品牌提升效应
节能环保企业联盟	它是一种相对松散的组织，主导企业与产业链上关键企业结成战略联盟，以达到提高整个产业链及企业自身竞争力的目的	联盟中的主导企业与集成服务商最大的区别在于主导企业是否有能力对相关企业进行整合。如果最终用户与主导企业签订协议，主导企业再与联盟企业签订协议，那么主导企业便是集成服务商；否则，该企业仅为战略联盟组织者
节能环保产业联合体	它是一种高级的产业组织一体化形式，相对于纵向一体化和横向一体化而言，这种产业链整合方式是由于重大技术创新或产业政策变化而引起的产业链重大变革，能够创造新的供求关系、价值分配模式和产业主导技术	它的具体形式为：若干在细分领域具有产品、技术和服务优势的企业为了开发共同的市场，以金融资本为纽带，组成产业联合体，提供超过单个企业服务能力的综合性服务

7.3.2 云计算产业的商业模式形态

云计算产业由传统的IT产业、通信产业、光电传媒和互联网产业融合而产生，其决定因素不单包括技术和产品服务的创新，更为重要的是商业模式的创新。这种创新从根本上颠覆了传统IT服务模式，有效降低了企业获取IT服务的门槛，使得云计算成为信息化的基础设施，用户能够更加方便、快捷、廉价地使用IT服务。目前，云计算按照服务方式不同可以分为公有云、私有云、行业云和混合云四种模式，具体见表7-2。

表7-2 云计算商业模式

类型	用户对象	商业模式
公有云	公共普通用户	公有云可由云服务提供商或综合性信息服务提供商进行运营，为公共用户提供软件环境、应用、物理等各种资源的管理和维护。使用公有云服务，用户按需付费即可。云中的资源对用户而言是透明的和未知的，基于此，云服务提供商能保证设施和资源的安全性，能满足安全上的需求
私有云	企业级用户	企业对数据有很高的安全要求，因此私有云将数据放至企业的防火墙内，企业IT人员能对数据的安全性进行有效控制
行业云	企业级用户	行业云将一个行业的数据和应用放至专门的云中，能实现资源的共享和重复使用，降低行业内企业的开发成本。云行业应用和物联网行业应用将在此进行结合，存在巨大的商业价值
混合云	企业级用户	将企业重要的数据和应用放至企业私有云内，将次要的数据和应用放至公有云中

相比传统技术，云计算能够把各类业务相关的上下游企业及顾客整合到一个基于云的统一应用、信息共享的虚拟化商业平台上，实现跨行业的信息整合，从而做到外部经营模式的创新。

但是，云计算的商业模式主要还是依靠市场需求，因此应当针对不同的市场用户的需求和特征，通过应用服务平台、移动终端、基础通信设施、基础IT设施和服务等模式提供整合联动的云服务。云计算的商业模式必须是可持续而且可复制的，并且通过不断地挖掘潜在用户价值来丰富产品应用。

7.3.3 风电产业的商业模式形态

在由产业政策、市场空间、价值链系统三大要素所构成的商业环境中，中国风电产业正演化出具有自身特点的商业逻辑。从客户价值主张、核心资源、关键流程和盈利模式等角度可以概括出中国风电产业的五种主要商业模式形态。具体见表7-3。

表7-3 风电产业主要商业模式形态

类型	组织形式	特征	典型企业
全价值链模式	以风电开发运营为核心，重组风机、零部件制造与风电开发等关键环节，通过对风电产业价值链的整合与动态调整取得控制权，并通过内部市场化获取业务的协同价值	①掌握丰富的风场资源；②通过不同的业务单元实现开发、制造的专业化；③内部市场化，通过强有力的集分权管理协调策略与利益；④关注整体价值，获取整合收益	国电集团、大唐电力
整机+服务平台模式	以风机整机研发与制造为核心，通过丰富的行业知识和专业技术的延伸为风电开发提供从咨询、工程建设到风电场运营维护等完整的服务，甚至介入风电场投资，从而实现整机销售与风电开发服务的有效协同	①通过技术创新获取核心竞争优势；②整合风电开发服务平台；③通过生产与服务的协同获取价值；④选择性进行风电市场投资	金风科技

续表

类型	组织形式	特征	典型企业
资源换市场模式	风电设备企业采用在当地设厂等方式取得地方政府的支持，进而换取当地部分优质风电场资源；并以风场资源为载体，通过与联盟的风电开发商合作带动风电设备销售，提高利润率	①通过风电设备换取风电场资源；②与风电开发商形成联盟；③在风机招标中通过提高对风电开发商的影响来提升盈利水平	华仪电气
产融结合模式	借鉴传统设备的行业销售模式，通过融资租赁方式为风电开发商提供融资	通过融资租赁降低风电开发投资成本	上海电气
重资产模式	目前主流的风电设备企业大多采取零部件外包、整机自己组装的轻资产模式。而重资产模式与此相反，通过自建零件产业链为整机提供配套。重资产模式的核心价值定位为通过完整的制造产业链，保证供货的及时性和风机的质量	①将商业模式的核心价值定位于完整的制造产业链；②自建零件产业链为整机提供配套；③缩短供货时间，提高风机质量	三一电气

目前风电产业处于供大于求的失衡状态，虽然下游装机需求爆发式的增长在一定程度上可缓解这一失衡，但是受限于并网消纳能力，下游装机需求快速增长的可能性很小。在这种情况下，风电企业原有的“外购零部件—组装—销售设备”的简单商业模式已不再适用，企业必须向系统集成或工程总承包的商业模式转变，并在风电开发服务领域寻求更

大的发展空间。

7.3.4 数控机床产业的商业模式形态

数控机床设备的产品属性为工业品，具有购买次数少、专家购买、购买程序复杂、金额大，以及项目的不定期性、周期较长、技术性强、集体决策、公开招标等特征。数控机床是一种组装产品，其核心技术主要掌握在欧美日等发达国家和地区的相关企业中，中低端产品市场是国内企业集中竞争的领域，产品同质化程度极高，市场竞争激烈。

面对数控机床产业的产品特性及市场结构，当前中国数控机床厂商提出从传统机械制造商向工业服务商转变的商业模式创新主题。在该模式中，数控机床厂商为客户提供集成性的全流程解决方案，即通过金融性服务，回购用户二手机床，再运用新技术进行再制造或二手经营。从过去简单的销售机床，发展到为客户提供全方位的服务，实行“全产品生命周期经营”，推动企业转型。在这种商业模式下，数控机床厂商不再一味追求工厂规模的扩大，而是将精力投向技术、研发和市场。从整个社会看，这将大大减少资源消耗。

7.3.5 光伏产业的商业模式形态

目前，在全球新能源战略、大型光伏电站示范工程以及国际市场的共同推动下，太阳能光伏产业已取得了显著的发展成就，中国已成为全球光伏产品制造的领军者。然而，随着产业的迅猛增长，也暴露出一些亟待解决的问题，如部分产品产能过剩、欧盟“双反”调查以及重复建设等。光伏产业作为全球能源技术和产业的重要发展方向，同时也是我国当前具有巨大发展潜力的新兴产业，具备国际竞争优势。当前所面临的瓶颈问题，既是产业发展过程中的挑战，也是推动产业调整升级的契机。因此，国内企业应积极把握这一机遇，以商业模式创新为突破口，率先拓展国内市场，推动光伏产业的持续健康发展。目前，中国相对成熟的光伏产业商业模式形态见表7-4。

表7-4　　光伏产业主要商业模式形态

类型	组织形式	典型企业
全产业链模式	通过全产业链整体通力合作，实现从硅石、工业硅、高纯硅、多晶硅、单晶硅、切片、电池生产、组件封装，一直到太阳能电站的完整产业链，最大程度实现太阳能发电低成本化	英利集团、宁夏发电集团
垂直整合+国际化模式	把原本作为产业链上的各环节的工程整合为企业厂区里的车间，将周围各厂区连成一片，配合光伏产业园建设联合其他配套企业形成产业集群，并逐步开拓国际市场	天合光能公司
“让开大道，占领两厢”模式	该模式放弃核心电池组件生产环节，选择上游硅片生产和下游系统安装领域，从而获得原料低成本优势，以及稳定增长的客户群	保利协鑫公司

当前中国调整能源结构、降低石化能源比重的大方向已确立，国家陆续出台各项措施支持光伏产业发展。“双反”调查事件之后，政府多次明确表示支持国内光伏产业发展，大力建设分布式光伏系统。国内光伏企业也积极调整经营策略，创新商业模式，努力摆脱光伏产业发展困局。

7.3.6　生物医药产业的商业模式形态

商业模式创新是企业转型升级的突破口。当前，中国新医改正在深入推进，在国家政策导向和市场竞争的双重压力下，医药产业整合加剧，众多企业开始了对新商业模式的探索。在国内，当前较为成熟的医药产业商业模式是连锁模式和“全产业链”模式。

连锁模式类似于经济型酒店模式，在广告费用、品牌影响力、原材料采购等方面具有优势，可实现医疗机构复制、可持续发展。而“全产业链”模式致力于企业三方面的转型：一是从医药产品提供者向健康服务提供者转型；二是核心竞争力由产品竞争力向全产业链掌控力转型；三是营销上由文化营销向营销文化转型。

然而，随着新兴生物技术、信息技术融入医药市场，制造企业正通过三个出发点来重塑其商业模式，即管理患者，交付结果；扩大医疗服务范围；解决未满足的医疗需求。信息技术企业、生物技术企业配合医药产业的急速变化，与医药企业开展协作，让患者得到更为理想的康复成效。由此可见，与“非传统”医药企业进行创新合作已成为当下生物医药产业商业模式创新的典型特征。

7.3.7 新材料产业的商业模式形态

伴随着中国制造业成长为“世界工厂”，新材料产业也实现了快速发展。从以电子信息材料、新能源材料等为代表的主要经济增长点新材料，到涉及面广、与下游应用结合紧密的化工新材料，再到围绕可持续发展的生态环境材料等，新材料产业从若干小规模量级爆发式增长至千亿级规模的细分领域。而随着中国经济由工业化中期向后期转变，高新产业快速发展，新材料产业也迎来结构调整和发展方式转变的关键期。那么，什么才是驱动新材料产业进一步发展的关键？纵观世界新材料产业的发展趋势，中国新材料产业除了要加强前沿技术研发、扭转跟随创新局面之外，还要实现商业模式创新。

当前，新材料产业的商业模式有三个可选路径：

一是进行独立技术经营。在新材料产业中出现以独立技术研发为主的技术经营公司是产业走向成熟的一个重要标志。而正是因为这些企业以技术研发、技术销售为核心业务，因此在企业经营过程中能否有效保护知识产权就显得尤为重要，这也成为企业选择这种商业模式的前提。

二是提供技术解决方案。选择这种商业模式的企业是服务型企业，即方案提供商。它们在掌握一种核心材料的基础上通过设备、系统整合，提供集成服务。

三是向材料深加工发展。选择这种商业模式的企业不仅仅停留在新材料生产层面，它们还与制造业紧密结合，生产定制化的材料产品，从而使得材料的价值大幅度提升。

这可以总结为新材料企业的两个发展方向，即向技术服务、集成服务方向发展和向材料深加工方案提供商方向发展（如图7-1所示）。

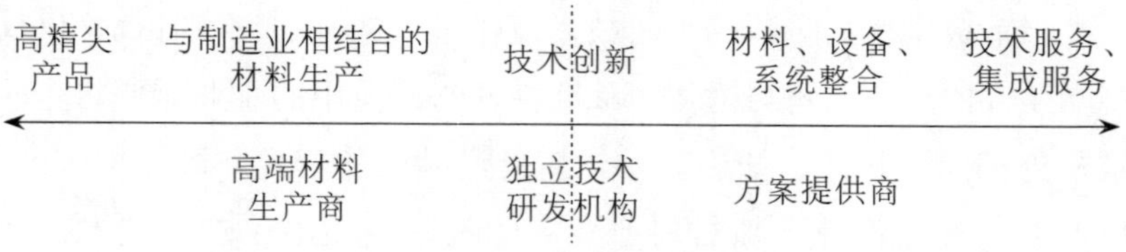

图7-1　新材料产业商业模式路径

7.4　对战略性新兴产业现有商业模式的反思

目前，在战略性新兴产业中，有的行业已经设定了明确的商业模式形态，有的规划出商业模式创新路径，还有的仅在理论层面做出了初步探讨。但不论产业中商业模式制定的状况如何，各企业已经充分认识到商业模式创新对战略性新兴产业市场培育和开拓的重要意义。

7.4.1　战略性新兴产业现有商业模式创新评价

商业模式的创新不仅受到产业宏观环境影响，还与企业组织特点、企业家精神息息相关，因而不存在一个普遍适用的商业模式，每种商业模式都具有企业个性特征。在企业层面上，已有相关研究构建出评价指标框架和评价方法，对战略性新兴产业现有商业模式进行评价。在产业层面上，本章对目前战略性新兴产业商业模式形态进行分类归纳，在此基础上总结评价产业商业模式创新状况。经分析，战略性新兴产业现有商业模式在以下几个方面实现了商业模式创新：

（1）以市场创新推动商业模式创新

目标市场创新、定位创新、价格创新、分销创新等市场创新对企业运作流程构成要素中的资源组合、运作流程以及企业内外交互方式产生直接影响，并由此带来商业模式的创新。在战略性新兴产业中，云计算产业和节能环保产业进行了市场细分，划分出公众用户和企业用户，并针对不同细分市场消费者的特点，在企业价值主张、经营方式、资源组合等方面进行调整，以适应不同顾客群体对产品的要求，从而为顾客创造更多具有差异性的核心价值，为企业创造有效的利润空间。

（2）由销售产品转向销售服务，实现商业模式创新

在当前成本压力不断增大、技术变化突飞猛进的竞争时代，仅仅注重产品生产的理念已不再适用。战略性新兴产业中的企业需要将企业价值链从内部向外拓展，开启基于销售的产品服务模式。数控机床产业、风电产业、光伏产业、新材料产业中的某些企业不仅加大技术创新力度，提高产品质量和性能，还将价值增值空间拓展到前市场服务的企业品牌建立、产品销售渠道开拓等环节，以及后市场服务的产品使用、维护和处置回收等环节，从而实现产品全生命周期的价值创造。

（3）由资源组合实现商业模式创新

资源组合创新有两种方式，一是创建新企业，形成新的资源组合；二是在原有企业基础上，对资源进行重组。第一种情况适用于还没有形成具体商业模式形态的产业。企业通过购买、投资、设计新的机器设备、生产线以及招聘高技术人才实现新兴资源组合，创造出新价值。第二种情况往往因外部环境发生重大变化，如新能源技术、材料科学等的重大突破，从而在原有价值主张没有发生变化的基础上，促使企业调整资源组合方式，这突出表现在高端装备制造、新能源、新材料等产业当中。

7.4.2 战略性新兴产业商业模式创新的困难与挑战

战略性新兴产业的商业模式要依靠技术作为支撑，依托新兴市场作为动力，依赖价值网络实现创新。然而在中国特定产业背景下，战略性新兴产业商业模式创新面临着诸多困难和挑战。

首先，产业市场空间难以启动，制约了商业模式创新活力。商业模式创新以市场需求为基础。然而在战略性新兴产业中，技术创新投入大但市场认知度、接受度较低，市场需求存在较高的不确定性，这直接影响了企业进行商业模式创新的积极性。其次，产业技术积累薄弱，难以支撑起完整的商业模式体系。在新材料、光伏等产业中，关键核心技术掌握在国外高技术企业中，中国仅仅参与了产业链低端加工、装配环节。技术积淀的不足切断了商业模式体系，企业找不到商业模式创新的

突破口。最后，产业政策配套不足，阻碍了企业进行商业模式创新的积极性。战略性新兴产业投入高、风险大，政府必须出台政策来协调资金、人才等要素市场。然而如果政策跟不上产业变化的步伐，将导致企业无法获得必需的关键资源，而处于被动地位。此外，当前的产业政策往往集中于产业上游，不断扩大产业生产制造规模甚至导致产能过剩；而产业下游拉动需求的政策力度却明显不足，这就造成产业畸形发展，无法为企业和消费者创造价值。对此，政府要着力改善商业模式创新需求条件，破解体制机制障碍，企业要形成创新战略联盟，合作开发、优势互补、风险共担，从技术到市场实现突破，实现商业模式创新。

7.5 新兴产业创新模型的网络化重构

7.5.1 价值创造功能的模块化

首先，基于模块化理论，综合不同商业模式要素模型构成，按照功能规则将企业的价值创造功能细化为不同的模块，包括价值主张模块、目标市场模块、优势资源模块、核心战略模块、产品制造模块、销售渠道模块、供应链模块、顾客关系模块、定价模块、支付模块、信息传递模块、收入模块、成本控制模块等。其中，每个功能模块都具有兼容性、可重复利用和独立功能等模块特征，并能够与其他同类子模块组合成更复杂的子系统的价值节点。

7.5.2 功能模块的系统化

其次，按照模块间的结构规则将功能模块组成系统模块，包括企业内部系统、客户系统、供应商系统、互补者系统和竞争者系统等。其中，同一功能模块可在不同系统模块中重复使用，如物流配送模块可同时使用于供应商系统和顾客系统；产品制造模块可同时使用于企业内部系统、供应商系统和顾客系统；信息传递模块可广泛使用于各个子系统等。

7.5.3 子系统的网络化

最后，基于价值网络理论，将商业模式视为按照子系统间的网络关系规则整合成的创新网络。通过商业模式的网络化重构，企业的商业模式创新不再拘泥于企业内部，而是作为节点根据自身的能力和核心资源，融入企业价值网络中。其中，具有核心能力要素的企业通常占据创新网络的核心位置，在商业模式的创新中负责价值模块以及界面规则之间的组织协调；而一般成员企业通常作为不同价值模块的设计者和制造者，根据核心企业设定的界面规则对自身资源进行调整和优化。通过商业模式的网络化重构，创新网络中的企业能够将各自的核心能力要素进行联结，不仅能够实现自身资源的优化整合，而且可以实现企业间优势资源的整合，从而形成新的竞争优势。

7.6 创新网络视角下创新路径的多案例分析

根据前文构建的理论模型，企业可通过在原本的商业模式中分割、替换、去除、增加、归纳和移植价值模块，或者改变不同模块之间的界面规则实现创新。基于此，我们将新兴产业商业模式创新路径划分为模块创新和界面规则创新（如图7-2所示）。

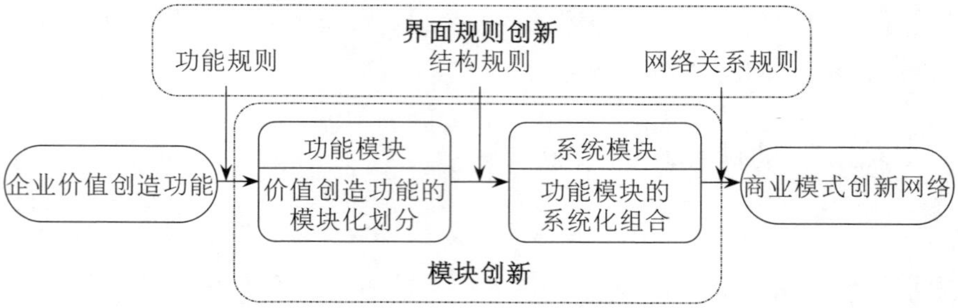

图7-2 创新网络视角下的商业模式创新路径分析

7.6.1 功能模块创新

功能模块创新是通过系统内某个或某几个功能模块自身的改变实现的商业模式创新，例如风电产业的“资源换市场”模式、“整机+服务平台”模式；节能环保产业的合同能源管理模式等。以合同能源管理模式为例，为了实现节能目标，能源服务公司以签订契约的方式为用能企业或单位制定节能目标并提供节能服务，客户则根据节能效益对节能服务公司进行支付。

作为一种先进的市场化节能机制，合同能源管理主要通过价值主张与支付等功能模块的创新实现商业模式的创新。首先，与传统的节能项目不同，节能服务公司向企业销售的并非某种节能产品或技术，而是通过提供包括项目设计、项目融资、设备采购安装、日常维护、人员培训、节能监测等在内的全过程节能服务，向用能企业销售节能量。这种新的价值主张为项目的节能效率提供了保障，将项目可能存在的技术及经济风险全部转嫁给能源服务公司，能够有效消除用能企业对节能项目的顾虑和担心。其次，整个节能项目运作过程中涉及的资金全部由节能服务公司负责，用能企业不需要承担任何费用，而是根据节能项目未来可能产生的节能收益对整个节能服务进行支付。这种支付模式能够使企业不必投入资金即可对节能设备进行升级改造，最大程度降低了企业的节能成本和技术风险。

7.6.2 系统模块创新

系统模块创新是指通过整体系统模块发生改变而实现的商业模式创新，如腾讯的“事业群制”组织变革模式、小米的“轻资产供应链组织”模式和阿里巴巴的“社会化平台供应链整合”模式等。

以腾讯的“事业群制”组织变革为例。2012年腾讯正式宣布对其组织架构进行重大调整，将公司原有的按业务职能划分的职能系统、运营平台系统、平台研发系统等组织架构体系进行了进一步的分解与重构，成立了6个新的事业部，重点布局社交、游戏、网媒、无线、电商和搜索六大业务。

通过对企业组织架构的重大调整，腾讯以往的组织模式被彻底改变。其中原有的平台研发系统被彻底打散，即时通信相关部分纳入社交网络事业部；QQ邮箱纳入企业发展事业部；搜索业务被进一步划分，地图和运营部分纳入移动互联网事业部，而核心技术相关部分纳入新成立的技术工程事业部。这种新的组织模式使每一个事业部形成一个完整的闭环，明确精准地聚焦各自的核心资源及行业领域，最大程度避免了以往由于产品跨界而导致的内部资源争夺，减少了新产品研发初期的内耗和矛盾。

7.6.3 功能规则创新

功能规则创新是指通过细化、合并、替代等改变功能模块划分规则来实现的商业模式创新，其使得企业在网络中的角色与定位发生颠覆性的变化。以高德的地图导航软件为例，作为国内市场占有率最高的传统导航地图厂商，2013年之前高德的盈利模式以向前收费为主，即将导航软件出售给汽车厂商，或以App、数据包等形式出售给一般消费者。为用户提供地图或者导航、定位、路线规划等服务的收入曾占其营业收入的50%以上。2013年，高德继百度之后宣布其地图导航软件不再向终端用户收取费用，并于2015年进一步宣布放弃O2O市场，而转为面向用车软件、智能硬件、公益环保等多个领域推出LBS+开放平台战略。

经过两次转型，高德虽然仍旧提供传统的导航软件产品和服务，但该业务板块因不再具备收入功能而从“收入模块”中被割除，其曾经的目标市场及用户不再为使用软件支付任何费用。但是由于用户通过使用软件生成的大量位置、行为、消费偏好等数据，能够帮助合作伙伴进行数据管理分析以及智能化商业决策，因而成为高德转型后的“优势资源”。高德也借助这两次转型，成功地明确了自己未来的发展和战略方向。

7.6.4 结构规则创新

结构规则创新是指通过功能模块在不同系统之间的转移、去除、增加、替代等结构规则的改变实现的商业模式创新，包括互联网产业的领先用户改善模式、O2O离线商务模式，生物制药产业的CRO研发外包模式以及CMO代工模式等。

以小米的领先用户改善模式为例，该模式将手机发烧友作为领先客户，由企业快速开发出最小化的可行产品，通过客户参与和互动不断地对产品进行改进，从而迅速实现产品的迭代升级。与传统创新模式不同，在小米的创新模式中客户不仅仅局限于需求调查和产品测试，而是组建“开发者团队”“荣誉内测组”等客户团队，基于产品开发平台、小米社区等互联网平台，深度卷入产品的策划、设计、开发、测试、发布和销售的整个创新过程中。

小米的领先用户改善模式通过功能模块在不同系统中的结构变化实现商业模式的创新，即通过鼓励和推动领先用户参与产品创新的全过程，将原本属于企业系统的研发、销售等功能模块划分出一部分转移到客户系统中。这种系统结构规则的改变保证小米能够以最小的成本，最大程度挖掘和利用客户的价值，并以最快的速度推出符合市场需求的产品，极大地缩短了产品的开发周期，减少了开发成本。

7.6.5 网络关系规则创新

通过系统间网络关系的改变实现的商业模式创新，如光伏产业的“垂直整合”模式，云计算产业的“中国云联盟”模式、R&V跨业态非竞争性战略联盟，软件产业的“众包”“开放源代码”模式等。以R&V跨业态非竞争性战略联盟（以下简称R&V联盟）为例，该模式是将现实中的实体经济与网络、虚拟市场中的虚拟媒体资源相结合，在资源共享的基础上实现资源效用的最大化。R&V联盟最典型的案例包括杭州绿盛集团与天畅网络的“牛肉干+网游”合作，两家企业将“QQ能量枣”和“大唐风云”网络游戏两种完全不相关的产品相互植入，即在外形酷似大枣的牛肉干“QQ能量枣”的外包装、投放海报和电视广告中植入“大唐风云”游戏的主角形象，而在“大唐风云”游戏中则将“QQ能量枣”作为游戏玩家的最高能量补充剂，甚至还开设特殊平台，使得玩家能够在游戏中买到现实中的“QQ能量枣”。

与传统的战略联盟不同，R&V联盟内的合作伙伴并不处于同一产业，也不存在上下游关系，而是基于双方核心资源的互补利用进行深度融合。这种核心资源包括有形的实体资源，如产品、设备等，也包括品牌、理念、媒体平台等无形资源。这一模式彻底改变了企业间的网络关系，将原本没有任何联系的两家企业以创新的方式进行融合，通过对合作伙伴的核心资源的创造性利用，在不增加额外成本的基础上实现现有资源的巨大增值，为企业整合外部资源、强化自身核心竞争力提供了新的思路。

7.6.6 不同创新路径的特征分析

从新兴产业商业模式创新的不同路径来看，模块创新主要通过不同模块自身的改变实现商业模式的创新。一方面，其能够确保企业将创新资源进行有效集中；另一方面，通过保留大部分原有模块及界面规则，缩短了商业模式创新的周期，能够使企业迅速适应外界变化，更有效地对创新需求进行反应，是一种较为稳定的局部变革。而界面规则创新则更多通过改变模块间和系统间的联系规则与关系来实现商业模式的创新，不局限于企业或系统内部，而是将企业的供应商、客户、竞争者、互补者等更多的利益相关者纳入创新网络中，通过建立、重构或改变网络成员之间的关系来获取更彻底、更具颠覆性的商业模式创新。但是这种创新由于涉及众多网络成员，需要较长的周期进行协调和相互渗透。

7.7 网络特征对新兴产业创新路径选择的影响

通过对商业模式的网络化重构，我们构建了一个由不同系统模块所组成的商业模式创新网络。根据社会网络理论，网络能够为企业带来优势，如丰富社会资本、了解相关信息、提高核心能力和专业化水平，以及对环境变化反应灵敏等，从而使企业获得更强的创新能力。然而不同的网络具有不同的功能和传递方式，网络特征能够影响创新网络中成员关系的紧密程度、信息与资源交流的速度和频率，从而影响企业商业模式创新路径的选择。

7.7.1 网络中心度对创新路径的影响

网络中心度关系到网络中的企业接近和获取具有价值的知识和资源的能力。中心度越高，企业从网络中获取信息、资源和知识的途径就会越广，会有更多的联结渠道，使得企业能够低成本、快速、高效地获取网络成员的最新资源，有利于实现商业模式中销售渠道、信息传递、产品制造、研发、顾客关系等功能模块及模块划分规则的创新，以及企业自身、供应商、客户和互补者等系统模块的创新。然而，处于较高中心度的企业在获得更多资源的同时，也容易受到网络规则的约束，使得企业嵌入固定的网络关系中；处于网络边缘的企业反而可能拥有更多机会与其他网络进行外部联结，这种边缘优势有利于实现结构或网络关系的界面创新。

7.7.2 网络密度对创新路径的影响

网络密度是企业实际联结的网络成员数量与最大可能的成员数量的比值，反映了网络成员间的互动程度。高密度网络能够使企业之间建立信任和共同的行为模式，形成良好的互动与合作关系、共享的态度和主张，促进网络成员的深度沟通以及有价值信息的交换，帮助企业迅速识别和掌握市场的细微变化，了解其他网络成员的感知和需求，因此有利于企业通过改变价值主张、核心战略、顾客关系、利润模式等实现功能模块和系统模块的创新，以及通过功能模块的进一步细分、合并或更替实现功能规则的界面创新。

然而，高密度网络也会为处于其中的企业带来网络锁定和制裁效应，导致产生一定的结构僵化和惯性思维等消极影响，进而产生大量的冗余信息和资源，将企业逐渐锁定在无效率的状态中，对企业的创新行为产生约束。而相对疏松的网络结构则有助于企业获取更多异质性信息，更有利于企业进行跨系统的结构规则界面创新或跨网络合作的网络关系界面创新。

7.7.3 网络规模对创新路径的影响

网络规模越大，企业的关系资源越丰富，不仅能够扩大信息获取的数量，降低企业知识转移的成本，还有助于提高企业信息的异质性，因此网络规模越大，网络中的企业可联系的节点就越多，对于不同类型的商业模式创新均有推动作用。然而也有学者指出，网络存在最优规模，在超出最优规模之后，尽管有利于建立更多的合作关系，但同时也会导致大量的信息与资源的同质化，降低企业进行创新的可能性。

因此，企业所处网络的规模越大，越能够促进企业商业模式的创新；但是当企业所处的网络超出最优规模时，反而会降低企业进行结构规则或网络关系规则的界面创新的可能性。

7.7.4 网络关系强度对创新路径的影响

关系强度体现网络成员之间合作交流的频率，其主要包括强关系和弱关系两种模式。强关系网络有利于形成长期的互利关系和信任机制，能够丰富成员之间的社会资本，促进企业之间资源与信息的共享，因此很多学者提出强关系网络比较适合基于现有资源的渐进式创新，可能会促进企业选择功能模块、系统模块以及功能规则等的创新。弱关系网络的主体之间联系虽然较为松散，但与强关系网络相比，企业所获取的信息重复性和同质性较低，且节点之间的联系具有高度的灵活性，伙伴转换的成本较低，对外开放度较大，容易实现跨界组织交流与合作，有利于提升网络成员对外部机会和威胁的反应速度，因此更有可能促进企业选择结构规则或网络关系规则的创新。

8 新兴产业构建股东社会网络的政策建议

8.1 新兴产业股东社会网络的总体判断

（1）股东联结网络的整体网络密度大，连通性好

本书对中国沪深2012—2014年上市公司中的新一代信息技术产业内的股东联结网络的整体网络形态进行实证描述，结果显示新一代信息技术上市公司间股东联结网络呈现出无标度网络的特征，即网络中存在少数节点拥有大量的联结关系，而大部分节点只有少量的联结关系的情况。相较于其他类型的企业间网络，新一代信息技术产业内的股东联结网络密度较高，网络成员间的联系更为紧密，具有产业内共同股东的现象较为普遍。

在深入分析股东联结网络的成分分布时，研究发现网络中存在规模庞大的局部网，该局部网涵盖了股东联结网络的大部分成员企业，这些企业处于相互联通的状态。因此，网络内企业之间，特别是局部网中的企业之间的相互影响更为显著。这一发现对于理解新一代信息技术产业

内上市公司股东联结网络的结构与动态演变具有重要意义。

（2）企业嵌入股东联结网络中心位置能带来企业绩效的提升

本书研究的结果证实，占据股东联结网络的中心位置的确有助于企业绩效的提高。社会资本理论认为社会资本是以网络为载体，有利于个人行动的生产性的资源，能够产生价值（Tsai and Ghoshal，1998）。通过占据中心度高的网络位置，企业可以获得知识、信息、资源等有利于企业生存与发展的社会资本，同时在选择合作伙伴时拥有更好的机遇，从而显著提升企业绩效。

（3）在股东联结网络中，企业占据的结构洞越多越有利于企业绩效的提升

本书的研究结论支持了Burt的结构洞理论，企业在股东联结网络中占据较多结构洞能够提升绩效。一方面，网络中占据结构洞的企业起到了重要的“桥”的作用，在获得异质性信息的同时能够控制信息资源的流动（信息优势和控制优势）；另一方面，企业通过占据结构洞建立了更有效的网络，减少了企业间的冗余联系，从而降低了建立和巩固联系的成本。

（4）企业在股东联结网络中占据核心位置对提高企业绩效有显著影响

对于单个企业来说，其所处的位置决定了其在企业网络中的影响与作用机制。从整体网络的核心-边缘结构来看，占据核心位置的企业可能拥有较多的信息与资源禀赋。Madhavan 等（1998）认为，企业占据网络核心位置能够带来优势。企业网络中包括一些关键成员，由于它们处于紧密联系的节点之间以及嵌于多样化的互相依赖之中，因此在网络中往往发挥主导作用，相对于依赖型的企业而言，在功能上相对独立。因此，企业的网络核心度越高，其控制其他企业甚至整个网络的能力就越强，能够吸引更多的边缘企业甚至核心企业进行优势合作，从而获得更高的企业绩效。

8.2 新兴产业构建股东社会网络的政策建议

（1）鼓励企业主动通过各种正式或非正式的社会关系与其他企业建立广泛的联系，打造开放式的高密度联通网络

受科技发展的驱动，在经济全球化的环境下，企业组织结构也随着分工合作范围的扩大而突破了传统界限，演变到企业间网络这一特殊组织形式。一些生存与发展风险较大的新兴产业，应该通过各种社会关系，包括正式的合作伙伴关系和非正式的联结关系（如本书中所提及的共同股东）等，与其他企业建立广泛的联系，从而获取网络带来的各种优势。另外，网络的紧密性和连通性有利于知识的转移和信息的流动，因此必须鼓励企业打造开放式的高密度联通网络。

（2）企业应积极占据有利的网络位置，争取从网络中获得更多信息、知识、资源等，提高自身绩效

本书的结论证实网络中心度、结构洞、核心度均与企业绩效正相关，因此，企业应主动与其他企业建立更广泛的直接联系，提高企业在网络中的中心度，接近和获取具有价值的知识和资源；积极与不同类型的企业建立联系，占据更多的结构洞；重视与核心企业（与众多企业有联系的企业）建立联系，从而向网络的核心位置靠近，从而获得更多的信息资源渠道来增加绩效。

（3）企业应根据其所处的创新网络的特征，选择适合的创新路径

本书通过对企业价值创造的功能进行模块化、系统化和网络化，将新兴产业商业模式的创新路径划分为功能模块创新、系统模块创新、功能规则创新、结构规则创新和网络关系规则创新五大类，并进一步探讨了网络的结构与关系特征对商业模式创新路径选择的影响。

不同的创新网络具有不同的功能和传递方式，从而影响商业模式创新的路径选择。因此，企业应根据其所处的创新网络特征，选择适合的创新路径，实现商业模式的创新。而政府在建设产业园区、制定新兴产业发展规划和产业发展政策的时候，也应根据产业的发展规律，鼓励和引导新兴产业中的企业构建符合自身发展特征的创新网络，营造良好的

创新环境，推动商业模式的创新和新兴产业的发展。

8.3 本研究的局限及未来研究展望

（1）本书选取的研究样本中并未涵盖非上市公司

本书研究的是新一代信息技术产业内的股东联结网络，网络中应包含该行业内的所有上市和未上市的企业。但我国企业上市条件较为严格，存在门槛过高等问题，而新一代信息技术产业中的很多中小型企业尽管创新能力强、发展势头足，但规模小、成立时间短，还不符合上市标准，因此相关财务数据很难获得。未来可通过调查问卷和访谈等形式获得一手数据，展开进一步的研究。

（2）没有分析网络对企业绩效影响的动态变化

本书虽然考虑了时滞性，但自变量和因变量都是截面数据，所得结论仅仅是静态下变量间的相关关系，更为严谨的相关关系还需要动态的研究加以论证。现实中的企业之间的股东关系是动态变化的，因此可以使用面板数据对网络的动态演化进行探讨，深入分析网络对企业绩效影响的动态变化。

（3）关系性嵌入的角度的研究尚未展开

本书主要从结构性嵌入的角度研究企业在网络中的位置特征对企业绩效的影响，从关系性嵌入的角度的研究，即股东关系的强弱对企业绩效的影响尚未展开。下一步可以综合结构性特征和关系性特征对股东联结网络进行全面的分析，考察二者对企业绩效的不同影响。

（4）没有深入研究企业内部的资源转化机制

本书仅从企业外部的角度考察了网络位置对企业绩效的影响，没有涉及企业内部的角度。本书认为企业占据良好的网络位置，从外部获取信息、知识、资源等，就能得到绩效的提升，但企业如何在内部消化、转换和应用这些外部知识资源也会对企业绩效产生重要影响。因此，可以将内外两方面因素结合起来进行研究，从而更全面更深入地探究网络位置对企业绩效的影响。

8.4 股东网络创新模式下新兴产业前景与预测

中国战略性新兴产业已持续展现出稳健的发展态势。产业规模稳步扩大，一批关键性技术实现重要突破，对经济发展的推动作用日益显著。鉴于不同行业在产业技术、政策支持和市场开拓等方面的差异，战略性新兴产业在发展趋势和特征上呈现出多样性。

（1）节能环保产业：进入发展机遇期，成长迅速。随着中央和地方政府对环境保护工作的日益重视和大力推进，节能环保产业已经形成了集环保产品制造、环境基础设施构建、环境服务提供、资源循环利用于一体的全产业链服务体系。作为新兴产业的核心发展领域，节能环保产业在国民经济中的地位日益凸显，其产值年均增长率超过15%，预计到2025年，总产值将达到11万亿元人民币，有望成为国民经济的重要支柱性产业。

（2）新材料产业：由大转强，挑战和机遇并存。目前，中国已建立起独立且完整的材料工业体系，材料生产大国地位稳固。然而，在高性能材料、核心部件以及重大装备领域，仍依赖进口，尚未完全跻身材料强国的行列。鉴于此，新材料产业未来的发展方向应由大向强转变。

“十三五”时期通过重点投入新材料工程技术研发与建设公共服务平台，培养综合性龙头企业和专业性骨干企业，推广重点新材料品种，并实施一系列示范推广应用工程，实现了碳纤维、钛合金、耐蚀钢、先进储能材料、半导体材料、膜材料、丁基橡胶、聚碳酸酯等关键材料的产业化与规模化生产。未来中国的新材料产业将继续迎来发展机遇。随着科技的不断进步和市场的不断扩大，新材料产业将成为一个重要的经济增长点。政府与企业将不断深化协作，共同推进新材料产业的蓬勃发展，以助力中国经济实现更高质量的发展。

（3）高端装备制造业：利用基础优势做大做强。近年来，中国高端装备行业呈现出迅猛发展的态势。为了加快培育和发展战略性新兴产业，国务院颁布了《国务院关于加快培育和发展战略性新兴产业的决定》，其中明确指出了节能环保、新一代信息技术、生物、高端装备制造、新能源、新材料以及新能源汽车等七大新兴产业作为重点发展领域。为了进一步推动工业转型升级，国务院还相继发布了《工业转型升级规划（2011—2015年）》《中国制造2025》《高端智能再制造行动计划（2018—2020年）》《“十三五”国家战略性新兴产业发展规划》等一系列重要文件。这些文件的发布，为中国高端装备制造业的健康发展提供了有力的政策支持和指导。

经过长时间的不懈努力与持续进步，中国高端装备制造业已经建立起了一套比较完善的产业架构。这个架构将产业链上下游各个环节有机地衔接在一起，并形成了具有一定规模的产业集聚。在国际竞争舞台上，中国高端装备制造业的竞争力正逐渐增强，为其未来发展奠定了坚实的基础。目前产业已拥有全球技术领先的研发机制和规模较大的基地，配套能力逐步增强，在核心业务领域占据了主导地位，较好地满足了经济建设需求。2022年我国高端装备制造业产值规模达21.33万亿元，预计2025年将接近50万亿元，具有超大的市场潜力。

（4）生物产业：初具规模，市场前景广阔。我国生物技术产业当中用于重大疾病防治的生物技术药物、新型疫苗、诊断试剂、化学药物、现代中药、先进医疗设备、医用材料等具有广阔的市场需求。目前中国人均GDP已超过1万美元，处于市场潜力释放期，生物产业迎来重要发展契机。

（5）新能源产业：调整中孕育着机遇。目前光伏产业基本实现有效供给和需求平衡，美国、亚太以及其他新兴区域的需求增速加大，为中国光伏产业开拓新市场提供了机遇。风电技术成熟、成本不断下降。在核电领域，鉴于当前运行的核电技术逐渐退出舞台，我国目前已全面转向三代机型的建设，第三代核电技术已成为行业主导，不仅显著提高了安全标准，还大幅缩减了建设周期并延长了使用寿命。这一转变预示着核电行业将再次迎来发展的转折点，迎来复苏的新机遇。

（6）新一代信息技术产业：经济支柱性作用日渐凸显。在我国工业化、城市化加速推进阶段，以及在国际化、市场化、信息化水平不断提升的大背景下，网络需求呈现出迅猛增长态势。据统计，截至2023年6月，我国网民总数已达到10.79亿人，特别是手机网民规模已达10.76亿人，互联网普及率高达76.4%，这标志着我国已发展成为全球领先的数字社会。中国移动互联网市场不仅规模庞大，而且具备坚实的发展基础。

（7）新能源汽车产业：市场全面启动。新能源汽车已成为全球汽车产业的重要发展趋势，中国政府高度重视新能源汽车的研发和产业化进程，出台了一系列相关政策，鼓励企业加大自主研发力度。在此背景下，国内汽车企业积极响应，纷纷投身于新能源汽车的研发、示范运行和产业化进程中。国务院印发的《"十四五"节能减排综合工作方案》中指出，到2025年，新能源汽车新车销售量达到汽车新车销售总量的20%左右，展现出广阔的市场前景和发展潜力。

9 社会网络背景下未来战略性新兴产业发展战略

近年来，随着我国战略性新兴产业发展的趋势向好，政策环境、产业规模、市场环境和技术水平都发生了重大变化。运用企业网络强化组织间的协同创新能力，是推动新兴产业实现重大技术革新与突破的关键手段。我国人际交往中的非正式联系在社会互动中占据重要地位，通过人际纽带构建的跨组织网络，已成为现代企业提升竞争优势的核心途径。随着网络理论的日益成熟，学者们对网络在推动产业创新中的作用进行了系统研究，并引入了能够精确刻画网络特性的社会网络分析方法。这些研究深入探讨了企业网络的结构维度与关系维度对绩效的影响。研究结果显示，企业网络对于产业的快速发展具有积极的推动作用。由于新兴产业面临着巨大的时间压力、高昂的创新成本以及创新带来的高风险，众多企业难以独立承担原始创新的任务，因此，这些企业对获取有价值信息的需求更为迫切。企业通过占据网络主导地位或建立关键的社会关系，来获得发展机遇与稀缺资源，从而强化企业的创新能力。

为支持战略性新兴产业发展，国家出台了《“十三五”国家战略性新兴产业发展规划》，以及各项细分产业规划，政策环境得到了很大改善。2015年5月19日，国务院正式发布《中国制造2025》，其核心是加快高端装备制造业创新发展。2015年7月4日，国务院发布了《国务院关于积极推进“互联网+行动”的指导意见》，这是互联网新一代信息产业持续发展的重要政策前提。信息产业规模的扩大、新兴企业数量的增加和技术水平的进步，一方面使战略性新兴产业的增长趋势更加明显，另一方面也标志着产业发展的市场竞争环境正在发生变化，国内市场对产业发展的驱动力也在不断增强。在这个过程中，地方政府是战略性新兴产业发展的重要支撑力量。如何持续推进战略性新兴产业的发展，是各级地方政府最关心的问题。另外，在实践中，政策制定者和投资企业也一直饱受产能过剩、市场结构混乱、缺乏核心技术突破等问题的困扰。

本章基于社会网络背景总结出了战略性新兴产业的发展特征，分析了目前战略性新兴产业发展中的障碍和可能遇到的困难，详细地指出了发展过程中的误区，描述了建立规模、结构、技术三位一体的空间布局和发展模式，提出进一步促进战略性新兴产业健康发展的政策思路，为地方政府和企业的发展提供建设性的探讨。

9.1 战略性新兴产业政策的总体思路

2010年，国务院发布《国务院关于加快培育和发展战略性新兴产业的决定》，其中提出，到2015年，战略性新兴产业增加值在国内生产总值中的比重达到8%左右，到2020年达到15%，占比增加7%，战略性新兴产业得到持续发展。2011年，《中华人民共和国国民经济和社会发展第十二个五年规划》中也强调，战略性新兴产业增加值占国内生产总值的比重要达到8%左右。“十四五”时期战略性新兴产业以提升产业创新能力、坚持开放融合发展为发展方向，以筑牢产业安全体系、破解产业发展“卡脖子”问题为核心任务，以集中优势资源实施重大攻关、打造世界级产业集群为主导路径。地方各级政府更要加大力度推进战略性新兴产业发展，尤其是不断扩大战略性新兴产业的产业规模，使其获得高质量发展。

9.1.1 战略性新兴产业规模的扩大

扩大规模是战略性新兴产业的一个重要的发展目标。产业规模取决于新兴产业内企业的横向规模和纵向规模两个发展维度。横向和纵向属性相互正交，因此也就决定了战略性新兴产业的企业规模特征。横向规模是指整个战略性新兴产业中重复生产同类商品的企业数量，纵向规模是指每个战略性新兴产业的企业内部生产环节的数量，即一体化程度。

从产业演化理论中可以得知，在每一个产业的发展过程中，企业数量的整合过程都是很剧烈的。在这一阶段，除了少数技术先进的企业能够凭借资本和技术优势继续扩大生产达到一定规模从而获得规模经济外，其他大多数企业只能获得产业平均利润。随着进入企业数量的不断增加和产业市场容量的限制，整个产业的企业之间的竞争就会日趋激烈。部分企业将被淘汰退出行业或接受与其他企业兼并重组。但是，由于产业的进入总量大于退出总量，产业总规模仍会保持增长。此时，规模较大的龙头企业逐渐出现，社会资源逐渐向几家实力雄厚的大企业集聚，行业的纵向规模以及企业间的差距开始扩大。龙头企业借助技术和资金的优势，通过内部不断扩张和外部重组并购等方式实现了快速扩大规模。行业内整体企业数量的增长速度也开始放缓，行业横向规模就会逐渐趋于稳定。

在我国战略性新兴产业的发展的起步阶段，规模发展不足是战略性新兴产业持续发展中亟须解决的问题。在这一时期，它的发展速度相对较快，主要问题是规模太小，产业水平有待提高。从行业横向规模来看，以高新技术产业为例（如图9-1所示），高新技术产业企业数量在2007—2010年间稳步增长，2011年大幅减少，之后开始上升。一般来说，此时正处于整个产业周期的初期阶段，企业的生存率会直接影响行业内企业数量的变化，因此产业规模也会因此受到影响。

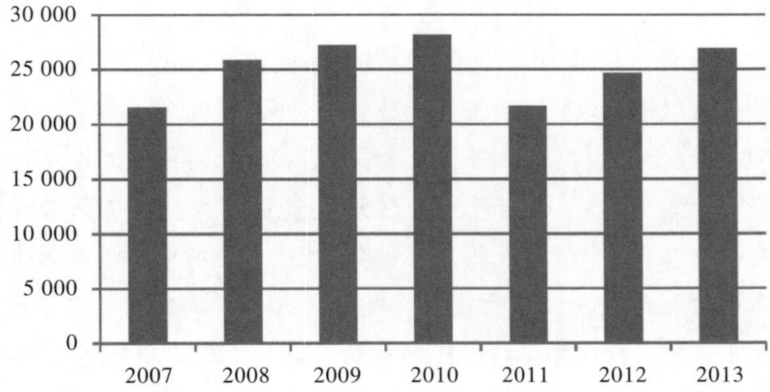

图9-1　2007—2013年中国高技术产业企业数量（单位：个）

资料来源：《中国高技术产业统计年鉴》。

在后金融危机时代，世界各国都在努力抢占新兴产业市场，加紧部署和发展各个领域的新兴产业。世界其他国家的信息技术、生物医学和科学、新能源及环保等领域涉及的新兴产业与我国战略性新兴产业存在激烈的国际竞争，一旦中国落后于其他国家，就会错失占领国际新兴产业市场高地的机会，同时也会严重影响中国国内市场份额。

在国家政策的推动激励下，各地区纷纷表现出浓厚的投资热情，努力抢占战略性新兴产业领先地位。然而，在此过程中，显现出两个显著问题：首先，由于行业布局的相似性，导致了资源在部分领域的重复投入与建设；其次，伴随着战略性新兴产业的发展及其规模的扩张，出现了以项目绩效为名的投机行为。因此，在战略性新兴产业持续推进规模化发展的同时，要理性对待，防止“规模优先”，应以统筹科学的态度发展战略性新兴产业。

9.1.2　战略性新兴产业“规模至上”的弊端

自2010年国家正式提出《国务院关于加快培育和发展战略性新兴产业的决定》以来，各级地方政府积极响应。战略性新兴产业增加值应成为绩效评价的重要参考指标。但一些地区只强调规模，存在“规模至上”的发展误区。很多地方政府打着坚持发展战略性新兴产业的旗号，加强产业投资，努力创造“升级型”GDP。以光伏产业来说，因为光伏产业的投资大，不仅可以创造高GDP，还强调环保节能的理念，同时符合“转变经济发展方式”和“发展战略性新兴产业”的政策发展要求，因此各级地方政府才会把光伏产业作为重点产业来发展。

“规模至上”的发展思路如果持续下去，就会导致战略性新兴产业低端化、无序扩张、产能过剩等现象愈演愈烈。根据周静和何锦仪（2011）确定的43个战略性新兴产业4位代码产业清单，中国制造业产能过剩的行业有7个（2位行业代码），涉及战略性新兴产业的行业领域包括化工原料、有色金属冶炼及压延加工业、化工产品制造业、非金属矿产品产业等。

从整体上看，大规模开发带来的产能控制问题在战略性新兴产业的增长过程中非常突出，因此需要地方各级政府予以重视。首先，投资拉动型的经济增长容易形成粗放型产业发展模式的问题。战略性新兴产业处于发展初期时需要大量投资，但是不合理的规划或重复项目的投资会导致产能过剩，从而使得产业持续走低端发展路线。其次，新兴产业产生的政治因素渗透到经济活动中，地方政府对企业的不当干预会导致企业对新兴产业的投资行为的扭曲。由于战略性新兴产业是国家的重点建设工程，同时也是各级地方政府政绩考核的重要参考指标，地方政府可能会以不当干预调控生产要素从而扭曲价格，或者进行变相补贴，导致企业投入过大，进而导致整个行业产能过剩。

要控制战略性新兴产业部分行业产能过剩问题，必须认识到产能过剩主要发生在整个产业链的低端，高利润率的环节大多依赖进口。在大力提升产业规模的政策鼓励下，技术短缺是产能过剩的根源。在控制产能的同时，要注意引导企业实现技术突破，自主创新掌握核心技术，促进产业升级，用提高技术来解决产能过剩的问题，摆脱以往“头痛医脚”的政策措施。

此外，根据产业演化理论对企业的进入、成长和退出进行分析发现，产业结构的演化有其自身的规律性，政府政策在其演进中起着重要作用。战略性新兴产业规模增长也是产业结构演进的意义所在。企业的进入和退出影响着产业的横向规模，其成长过程也是产业规模不断向纵向扩张的过程。因此，各级政府应依据产业结构演进规律探索战略性新兴产业规模发展，优化战略性新兴产业的市场结构，做大做强新兴产业。

9.1.3 战略性新兴产业全面崛起的政策构想

以规模为导向发展战略性新兴产业，虽然可以在短期内使一个产业实现从无到有，在数量上大量增长，继而获得一定的规模经济和成本带来的优势。但这种发展方式带来的隐患会渐渐凸显并不断放大，会限制规模优势，最终严重制约战略性新兴产业的发展。在前面研究的基础上，本章提出了能够实现战略性新兴产业全面崛起的政策构想，即坚持规模、结构、技术的政策导向。

一是牢固坚持新兴产业大发展的工作方向。战略性新兴产业要持续发展，必须坚持规模化发展方向，充分以企业为主体，对企业积极引导和争取政府优先支持，助推具有带头作用的龙头企业的发展。鼓励企业兼并重组，实现优势互补，提高技术创新、市场业务拓展、企业经营管理水平等多种能力以及国际影响力和竞争力。重点培育和扶持一批重点领域和领先领域的具有国际影响力的龙头企业。要充分发挥龙头企业和骨干企业的引领作用，构建产业链上下游良性互动、大中型企业协同发展的产业系统。努力加强产业集中度和凝聚力。

二是坚持优化市场结构的升级战略。根据产业演化规律，在产业增长的初期，进入者的数量随着时间的推移而增加或在产业起点处达到峰值，然后逐渐减少，最终进入者的数量会变得非常少。这是因为在每个时期，在位者在研发上的投入都要高于进入者，因此它们可以利用自己的研发优势获得更多的产出。与进入者相比，在位者的平均成本更低。如果进入者能够从差异化产品的开发中获得足够的利润，它们也可以在行业中站稳脚跟。

在产业发展初期，企业准入不足是普遍需要解决的问题。一方面，对战略性新兴产业的投资不足。主要受到资金需求巨大的影响和技术限制，这属于产业发展的正常进入壁垒。另一方面，受到人为限制。产业准入规制是企业进入战略性新兴产业的主要行政壁垒之一，这是科学的，也是符合要求的，符合市场规律的行政壁垒可以规范市场行为，但实际上，有些行政壁垒往往违反市场规则，造成资源浪费。比如，一些政策法规向国有企业倾斜。在国有产权预算软约束的影响下，影响了国有企业进入战略性新兴产业的积极性。准入规制应侧重于技术、研发、人才、最低经济规模等技术经济领域，要大力推动民营企业和外资企业进入战略性新兴产业，提高市场竞争程度，真正实现“鲶鱼效应”。与国有企业相比，民营企业具有更强的市场灵活性和反应能力，国有企业会放弃一些风险高、回收期长的领域，而民营企业在这些领域可能有所突破。针对大企业在资金、技术、创新、抗风险等方面的优势，大力培育和打造战略性新兴产业大型龙头企业，通过发展大企业，带动中小企业创新合作协同发展，实现大中小企业良性互动机制。

三是实现核心技术的突破任务。战略性新兴产业不同于传统的工业和制造业，它们强调产业要融合科技发展，代表着科技与产业共同的全新发展方向。战略性新兴产业的不同产业间具有很强的产业关联性和技术融通性。科学技术始终是战略性新兴产业发展的立足点。

战略性新兴产业不同于一般新兴产业。战略性新兴产业的发展主要源于技术的重大创新、消费的重大需求变化或政府出台的重大政策调整。因此，战略性新兴产业往往会引发一系列的经济范式和市场结构的重大调整，从而体现出战略性特征。其战略属性要求产业能够主导一个国家或地区在未来实现经济可持续增长，促进和引领国民经济快速发展和产业结构转型，能够拥有更广阔的市场和不断进步的科技创新能力，关系到国家经济命脉和产业安全（李晓华和吕铁，2010）。传统的通过购入发达国家的产品的技术获取方式，不仅效率低、不能满足我国战略性新兴产业的技术发展要求，而且缺少发展战略性新兴产业的核心技术，规模扩张只能使产业低端化，这违背了我国战略性新兴产业发展的初衷。因此，要想实现战略性新兴产业规模的高水平快速扩张，就要把发展高端技术作为产业增长的核心动力。

9.2 社会网络下规模、结构、技术“三位一体”的培育发展模式

在战略性新兴产业成长的初期，要求地方政府和企业主动密切关注国家产业政策导向，认真研究新兴产业发展趋势。战略性新兴产业发展的具体工作中，要以规模、结构、技术为导向，实行“三位一体”的产业培育模式，即规模增长、结构优化和技术进步。

自2010年起，我国致力于培育和发展战略性新兴产业，经过不懈努力，目前七大产业规模持续扩大，市场结构日趋合理，自主创新能力稳步提升。产业增长路径已初步显现，其表现出的特点为政府和企业制订后续工作计划、明确未来发展方向提供了宝贵的参考依据。无论对政府还是对企业来说，在产业成长初期所做的决策，在未来都会被放大，即形成所谓的路径依赖。抓住机遇，抓住先行者优势，可以在区域竞争和市场竞争中获得先机，从而掌握更多的资源要素，形成产业发展的良性互动。然而，如果错过了机会，参赛者往往被要求以新参赛者的身份进入比赛，资源要素的配置和市场的进入往往受到限制或拖延。

9.2.1 规模增长

在国家政策推动和市场需求扩大的前提下，目前我国战略性新兴产业已经具备了规模增长的条件。

战略性新兴产业规模增长，是指在培育产业增长过程中，注重规模经济的作用，特别是发挥产业集聚和范围经济的优势，根据新兴产业的特点和对生产要素的不同需求，坚持走规模化发展道路。战略性新兴产业发展的优势的实现主要依靠规模效应和要素共享。

产业集聚是世界上普遍存在的经济现象，世界上著名的产业聚集如美国硅谷的电子产业、德国沃尔夫斯堡的汽车制造业、意大利普拉托市的纺织业、美国的圣路易斯-巴尔的摩港陆产业等。在我国，以制造业为例，主要集中在东部沿海地区，珠三角、长三角、环渤海地区制造业产值占全国的70%左右。在这三个产业带中，有不同的专业化生产区。

企业的空间集聚行为基于资源禀赋、运输成本、以固定成本为基础的规模收益、专业化供应商、劳动力市场和知识溢出等外部经济的优势；此外，它还受到企业集中带来的地租增加导致工业生产总成本增加的负面因素的制约（Krugman，1991）。经过对国内外产业发展历史的细致剖析，我们发现集聚效应的增强对战略性新兴产业的成长起到了明显的推动作用。通过集中资源和关键要素，优化产业的空间布局，能够充分发挥集聚效应的优势，从而有力地促进新兴产业的发展。

在推动战略性新兴产业规模扩张的过程中，要充分利用重点城市和产业园区的集聚效应，以实现规模经济的利益最大化。这种空间集聚模式不仅有助于发挥规模优势，更能促进知识共享、技术创新等正向外部效应，为战略性新兴产业的稳健发展奠定坚实基础。工业区的形成具有路径依赖特性，这源于企业间偶然地集聚所产生的外部经济效应。随着资源的不断累积和技术的持续强化，这种效应得以增强，进一步提升了集聚效应。因此，为推动战略性新兴产业的发展，我们应充分利用现有产业集聚区的优势，并遵循产业增长路径依赖的规律。此举不仅能节约资源和成本，促进产业集聚区的自发形成，更能充分发挥规模优势，加速产业发展。

对于地方政府而言，应关注对战略性新兴产业发展具有支撑作用的相关产业，并致力于优化产业增长环境，为产业的持续健康发展创造有利条件。通过强化政策引导和支持，促进产业集聚和协同发展，进一步推动我国战略性新兴产业迈向更高层次。

9.2.2 结构优化

（1）市场结构与市场进入制度

由于战略性新兴产业处于成长阶段，因此有一定集中度的市场结构要比理想的完全竞争的市场结构更有利于培育和发展新兴产业，有利于将更多的资金用于基础设施建设和科研创新。这种需要一定集中度的市场结构是指新兴产业内由大企业主导的适度集中但企业间能够充分竞争，且大中型企业间协调发展优势互补的“寡头垄断型”的市场结构。魏后凯（2002）认为，规模经济优势较为突出的新兴产业，适度集中区间的上下限之间的差距应较大，而规模经济优势不太突出的行业的上下限之间的差距则应较小。

一般传统的工业在技术应用和设备生产方面的经验基本成熟，所以鼓励向着完全竞争方向发展有助于提高市场效率。然而，战略性新兴产业的发展方式与传统工业有所不同。在战略性新兴产业发展的初期阶段，工业化发展需要的所有生产要素都较薄弱，特别是在强大的国际竞争压力的前提下。对于我国战略性新兴产业的发展，首先，应鼓励形成具有带头作用的龙头企业，目的是占据一定的新兴产业的市场份额，从而形成一定的市场力量，这样有利于统一行业标准，形成国际竞争力和影响力。其次，大企业快速发展的同时也会带动中小企业的快速成长，有利于向“小而精和小而专”的方向发展，享受专业化分工和规模化带来的利益。建立具有一定集中度的“寡头型”市场组织结构，既有利于获得规模经济带来的好处，发挥龙头企业的带头作用，又有利于形成具有一定竞争力的市场机制。但同时还要防止经济要素过度集中造成要素和资源的浪费，以及技术创新的不足。

在战略性新兴产业发展初期，发展纵向规模的战略将充分发挥其优势。在向着适度集中方向合理调整市场结构的过程中，也可以采取鼓励企业兼并重组的方式，聚集新兴产业内过于分散的产能，从而提高整个产业的规模效益，增强抵御各种风险的能力。特别是对于新能源及高端装备制造业等一些战略性新兴产业来说，企业兼并重组的纵向一体化有利于提高企业经营管理效率，生产一体化更有助于减少新兴企业产品流通的中间环节，节约交易成本和降低搜索成本，同时促进先进技术的推广和推动统一行业标准。

鉴于战略性新兴产业沉没成本高昂且投资风险较大，市场投资不足的问题将不可避免。针对此情况，建议适度放宽准入标准，以鼓励中小企业和民营企业积极参与投资。需要注意的是，放宽准入标准并不意味着放松对企业技术和环保标准的监管，而是旨在降低战略性新兴产业的进入壁垒，以促进市场的健康发展。

此外，政府在战略性新兴产业发展初期可能过度干预。政府在制定政策标准、行政审批、绩效考核以及财政激励方面拥有较大的自主权和灵活性，这可能导致产能过剩和资源分配不均等问题。由于这种干预的调整难度较大，其后果可能更为严重。因此，国家相关部门必须对此予以高度重视，并采取措施有效调控不利影响。应深入贯彻落实国务院关于抑制部分行业产能过剩和重复建设的政策，切实把“三公”问题置于战略性新兴产业集约发展的突出位置。为解决此问题，可考虑采用环境监管手段进行出入控制。具体而言，应建立产业区域规划环境影响机制，对于区域内的高能耗、高污染项目，必须在环境影响评估通过后才予以受理和批准。同时，应严格项目审批管理评价和要求，坚决遏制未经环评审批的项目建设。此外，还应建立战略性新兴产业信息系统，及时向社会发布产业信息，反映行业问题和企业需求，涵盖政策导向、产业规模、社会需求、产销库存、淘汰落后、企业改制、污染排放等各个方面。

针对国家制定的产业政策，应广泛吸引社会资本参与，以构建多元化、全方位的投资结构。此举不仅有利于推动国有企业战略性新兴产业的发展，同时也鼓励非国有企业和民间资本的积极参与，从而建立起稳定有序的国有与非国有新兴产业公平竞争环境。鉴于政府在国有企业中可能存在的过度干预现象，非国有企业在市场判断与公司治理方面往往展现出一定的优势。因此，降低非国有企业进入战略性新兴产业的门槛，将有助于缓解政府主导的战略性新兴产业过度竞争问题，优化市场结构，并减少非国有企业的缺位现象。这些措施将共同促进整个产业的健康发展。

（2）产业成长与企业网络

目前，大多数战略性新兴产业仍缺乏行业标准。新技术的推动者可以通过制定行业标准来提高兼容性或互联互通性，加大产品的网络效应，从而吸引盟友，引发技术的正面反馈。掌握标准制定权对于企业在竞争中取得优势地位具有至关重要的作用，这主要体现在以下三个方面：首先，企业可以通过拥有知识产权获得专利收益，从而增加竞争对手的成本，使自身在市场中处于更有利的位置。其次，通过制定标准，企业可以在后续产品竞争中占据优势，进一步巩固和提升其市场地位。最后，企业还可以通过参与产业联盟、获得政府和国际标准化组织的认可等，掌握产业链关键环节的标准制定权，从而在后续产品竞争中取得更大的优势，获取高额利润。我国战略性新兴产业在发展中需要面对国际产业标准的巨大压力。提高中国企业在行业标准制定中的话语权，是推动和保障我国战略性新兴产业国际化发展的重要任务。

其中，在制定战略性新兴产业市场准则时，努力遏制国际垄断势力对我国战略性新兴产业市场的影响尤为重要。我国的战略性新兴产业起步较晚，尚未进入成熟阶段，企业的市场集中度和市场地位还不能与发达国家相比。行业标准不仅关系到新兴产业的发展，更是掌握未来国际市场主导权和话语权的战略重点。发达国家一直通过掌握行业标准来实现技术推广和市场垄断，并保持其长期的世界主导地位。中国需积极投身国际标准制定中，同时警惕外国企业借由国际标准削弱我国产业竞争力。

战略性新兴产业在国家发展规划中占据特殊地位，关乎国家发展、经济安全及国际竞争地位。在推动这一产业发展时，我们应立足于国家在全球范围内的整体战略利益，灵活运用反垄断政策和措施，既要保持开放合作的态度，也要具备应对国际竞争挑战的智慧和策略，以确保在全球经济竞争中保持领先地位。

自加入世界贸易组织以来，中国企业在面对国际垄断势力时屡遭挫折，并频繁成为反倾销调查的对象。这种被压制的状态已严重阻碍了我国工业的健康发展。鉴于我国战略性新兴产业在国际环境中所面临的挑战与威胁，我国的反垄断政策必须紧密围绕国内各行业的实际需求与发展状况来制定。我们必须防止外国跨国企业利用垄断地位来阻碍我国产业的正常发展。由于各国在标准上存在差异，因此，加强国际合作显得尤为重要。在多数战略性新兴产业中，技术的落后使得我国在国际产业通用标准的制定中处于不利地位。为了提升我国在这些领域中的话语权，我们必须坚持国内标准与国际标准同步推进的原则，努力将国内标准与国际标准相融合。

9.2.3 技术进步

战略性新兴产业具有创新程度高、溢出性强的技术特征，其发展目标不仅仅是细微的技术优化或升级，而是重大的技术性飞跃。此类技术突破体现为非连续性的技术革新，有能力引领全新的产业潮流。此外，这些革新性技术还具备强大的外溢效应，即技术创新会通过产业间的技术联动向其他产业扩散，从而推动多个领域的技术进步，其示范带动作用十分显著。然而，实现这一重大技术突破并非易事，需要政府政策的鼎力支持与引导，以推动战略性新兴产业的持续发展与增长。

（1）健全知识产权保护制度

战略性新兴产业具备明显的产业特征，如投资风险高、创新要素集中、国际竞争白热化、国际化发展趋势明显、对知识产权管理和保护标准严苛、对知识产权创造和应用依赖度高等。若知识产权保护体系不完善，将会导致产业面临更高的投资风险，对战略性新兴产业创新链与产业链的培育、创新成果的产业化市场化，以及创新氛围的形成构成严重阻碍。

中国的知识产权保护问题在近些年得到了显著改善，包括完善法律法规、加大执法力度、提高公众意识等。这些努力已经取得了积极的效果。最新数据显示，中国的知识产权保护指数已经有所改善。世界知识产权组织发布的《2021年全球创新指数报告》显示，中国排名第12位，较2020年上升2位。然而中国的知识产权保护仍然面临一些挑战：法律框架还不够完善，无法充分应对新兴科技的发展和创新模式的出现，此外执行力度不够，缺乏有效的制裁措施。

为了进一步推动战略性新兴产业可持续发展，建立健康有序的市场环境，激发创新活力，必须尽快完善知识产权保护制度。未来我国战略性新兴产业既要面对国际合作与分工，又要面临激烈的国际竞争。要保证战略性新兴产业创新水平逐步提高，国内外资源充分利用，就要有完善的制度规范，这样才能使创新成果的市场价值得以充分发挥，在国际竞争中更有优势。

（2）完善国家创新体系

自主创新在战略性新兴产业的发展中占据核心地位，创新体系内部各主体间的互动与沟通，共同构成了由科技知识生产、流动、应用和反馈组成的复杂网络，为技术突破和自主创新提供了有力支撑。Freeman

（1987）首次提出并定义了“国家创新系统”的概念。

我国创新体系的建设处于蓬勃发展的阶段。我国致力于全面推动具有中国特色的国家创新体系建设。这一体系涵盖了多个关键组成部分，共同构成了我国创新体系的基本框架，为我国的科技创新和经济社会发展提供了有力支撑。

9.3 社会网络背景下战略性新兴产业成长策略

战略性新兴产业的形成与发展，离不开重大的技术突破和强烈的市场需求。这些产业以其高效的资源利用、密集的知识技术含量、卓越的综合效益以及巨大的增长潜力，对经济社会全面持久发展产生深远的影响。依据《“十三五”国家战略性新兴产业发展规划》，我们在培育和发展这些产业时，必须站在战略和全局的高度，制定明确的发展战略，科学预测未来的需求变化和技术发展趋势。只有这样，才能加快构建支撑经济社会可持续发展的支柱产业和主导产业，实现产业结构的优化升级，并提高发展质量和效益，从而为推动我国经济社会的持续健康发展做出重要贡献。

9.3.1 战略性新兴产业升级策略

战略性新兴产业升级是发展的核心议题，通过升级可进一步推动新兴产业的壮大。为确保产业的稳健发展，必须依托技术积淀、制造实力和产业架构等基石。值得注意的是，发展战略性新兴产业并非单纯为了替代传统产业，而是借助新兴技术的产业化及传统产业的科技化，共同推动产业升级。产业升级主要涵盖两个方面：一是产业技术的革新推动产品升级；二是产业链的优化提升整个产业层级。这些举措对于我国战略性新兴产业的可持续发展具有重要意义。

（1）产品升级策略

产品升级是指对旧产品进行改进，加快对新产品的引进，缩短产品生命周期，增加产品的技术含量，增强产品功能，提高产品单价。我国大部分战略性新兴产业的技术水平和产品质量与发达国家相比还有较大差距。由于产业链的高附加值，设计、研发、销售等环节都由发达国家掌握，大部分技术都依赖引进。拥有自主知识产权的技术、原创产品较少，自主创新能力不足，这些都对我国战略性新兴产业发展提出了严峻的挑战。

在推动传统产业进步的过程中，模仿创新对于提升我国科技实力具有不可忽视的作用。模仿创新与自主创新紧密相联，为后者的实现提供了必要的初始条件。模仿创新指的是在借鉴首创者拥有知识产权的产品的基础上，进行进一步的改良和完善，这与简单的复制行为有着本质的区别，因为它融入了自身的创新元素。在发达国家，模仿已成为一种高效手段，用于研究和发掘具有先进技术水平和广泛市场接受度的产品。这种做法在我国各行业中也十分普遍，对推动技术升级起到了关键性的作用。然而，随着技术需求的不断增长，我国不能仅仅依赖模仿创新，而必须寻求更为持久和深远的创新策略。

战略性新兴产业的发展，特别是那些高度依赖创新能力的产业，更不能仅依赖模仿创新，这既是因为这些产业本身对创新能力的要求极高，也是因为国际技术封锁等客观条件的限制。中国正努力从跟随者身份向领导者角色转变，这一转变的实现依赖于从技术模仿到自主创新的根本性进步。因此，在利用模仿创新带来的资源的同时，我们也必须超越模仿，寻求战略性新兴产业的更高层次的创新。

战略性新兴产业的产品升级策略，同样面临着标准问题亟待解决。自2010年起，我国已陆续发布一系列针对战略性新兴产业发展的重大政策与规划，通过金融等多方面的措施为战略性新兴产业的成长提供坚实支撑。据不完全统计，全国已有22个省市启动了战略性新兴产业的研究与规划工作，或已完成相关部署，正全面迈入以培育战略性新兴产业为核心的区域发展新征程。

然而，由于尚未确立全面的行业评价指标与市场准入标准，我们难以对战略性新兴产业的当前发展状况及未来前景进行科学评估。有的地区在缺乏充分考量产业发展历史基础与要素的情况下，盲目推出新项目，导致重复建设、资源浪费以及产业发展水平滞后。因此，当务之急是提出并确立一套科学、合理的战略性新兴产业评价指标体系。

当前，行业标准与技术标准尚未形成统一框架，造成众多行业在生产标准方面存在不一致的现象，这在面对国际市场时尤为突出，往往因标准差异而承受巨大压力。此外，战略性新兴产业涉及多个生产环节，产业链条冗长、标准不统一进一步加剧了配套协作的难度。企业间技术支持与咨询渠道不畅，技术环节衔接困难，严重制约了产品升级换代工作的开展。因此，在产品升级的具体实践中，我们必须密切关注国际标准的动态变化，不断完善标准体系，以提升产品升级效率，确保我国战略性新兴产业在全球化竞争中保持领先地位。

（2）产业链升级策略

改革开放以来，中国积极参与全球经济活动，制造业的迅速崛起已使中国成为全球经济的核心组成部分，被誉为“世界工厂”。依据产业价值链理论，产业链两端的研发、设计、营销、服务等环节具有较高的附加值，而中间的制造加工环节附加值相对较低。因此，在国际产业分工中，中国制造业主要集中在加工环节，处于产业链的低端。相比之下，发达国家已逐渐转向自主创新，占据产业链的高端，拥有明显的竞争优势。随着经济全球化的深入发展和区域经济一体化的加强，中国制造业面临着前所未有的挑战和机遇。

与此同时，美国和欧盟等发达国家实施的“再工业化”战略，进一步加剧了围绕科技创新和工业化制高点的竞争。这一战略的实施，将对中国制造业向产业链高端升级构成严峻的挑战。

为了应对这些挑战，中国必须大力发展以技术创新为核心的战略性新兴产业。在七大战略性新兴产业中，均存在核心技术依赖进口、高附加值环节受外资控制等问题。因此，实现产业链向高端延伸，生产高附加值产品，尤其是控制我国战略性新兴产业重点进口产品，成为产业升级的关键途径。这将对提升我国在全球产业分工中的地位，实现经济可持续发展具有重要意义。

9.3.2 战略性新兴产业建设策略

按照《国务院关于加快培育和发展战略性新兴产业的决定》的要求，在战略性新兴产业建设过程中应坚持示范与全面推进相结合。把资源更好地配置到对经济社会发展具有决定性作用的领域和环节，集中力量解决最紧迫的问题，实现支持主体、支持环节、支持方式和投资方式的转变，提高投资效率。主要建设策略包括示范工程、重大工程和产业园区建设。

（1）示范工程建设

经过对现有产业资源的深度整合与高效利用，示范工程项目正逐步优化其服务模式与运营模式，积极探索并实践新范式。示范工程项目致力于打造一个全面的产业链条，进而建立起一个以企业为核心、“产学研用”四位一体的技术创新体系，旨在发挥其在行业内的示范效应与引领作用。市场作为产业发展的基石，对于新兴产业的成长至关重要。在战略性新兴产业发展的初期阶段，受价格、传统观念及业绩等多重因素的影响，其市场竞争力往往较弱，优势并不明显。因此，通过示范工程的实施，我们期望能够探索出优化产业外部环境的有效途径，引导各类资源向新兴产业汇聚，进一步拓展新兴市场，从而提升产业的整体竞争力。对于当前正处于探索阶段的战略性新兴产业，地方政府需审慎识别哪些产业适宜早期推广，哪些产业则更适合在后期进行规模化扩张。地方政府需把握关键，精准施策，以培育和发展市场为核心，激发产业发展的内生动力。

（2）重大工程建设

战略性新兴产业涵盖的产品种类极为丰富，市场需求亦极为广泛，因此，我们必须进行全局性的规划与部署。在积极推动各类产品研发、生产、推广及应用的同时，紧密围绕经济社会发展的核心需求，精心组织并实施重大项目。通过攻克产品大规模生产的成套技术与设备难题，加速完善产业基础，并深挖巨大的市场潜力。在此基础上，我们还需要加强对低壁垒重点产品的保护力度。

2016年12月19日，国务院正式颁布了《“十三五”国家战略性新兴产业发展规划》，其中明确提出了推进20个重大项目的建设，包括：重大环保技术装备和产品产业化示范工程、重大节能技术装备产业化项目、重要资源回收利用项目、高性能集成电路项目、宽带中国项目、物联网及云计算项目、新型平板显示项目、信息效益项目、高性能医疗诊疗设备项目、蛋白质等生物药品和疫苗项目、生物基材料工程、生物育种工程、航天基础设施工程、轨道交通先进装备及关键零部件工程、航空装备工程、海洋工程装备工程、智能制造装备工程，以及关键材料升级项目、新能源集成应用项目和新能源汽车项目。这些项目的成功实施，将全方位提升我国战略性新兴产业的发展水平，包括优化市场结构、扩大产业规模、增强技术创新等多个方面。

（3）产业园区建设

产业园区建设是构建战略性新兴产业载体的具体措施，为产业集群在特定的地理空间中的发展奠定基础。

在产业园区的规划指导中，战略性新兴产业的发展需求应被置于显著位置。地方政府要紧密结合当地实际状况，精准把握产业园区在国家战略性新兴产业布局中的定位，借助产业园区的集约化优势，以及传统项目所蕴含的产业规模和技术积淀，积极培育战略性新兴产业，从而引领并促进产业链上下游的协同发展，逐步实现向产业链高端的转型升级。

同时，自主创新成果的产业化及资本运作的规范化亦至关重要。尽管国家和地方政府是战略性新兴产业创新的主要金融支持者，但创新成果的产业转化及产业的长期可持续发展，同样需要依赖市场机制下的资本运作的规范化。

9.4 社会网络背景下战略性新兴产业成长的保障措施建议

9.4.1 规模化发展的政策建议

为实现战略性新兴产业规模化成长，以规模化带动产业升级的发展目标，提升中心城市战略性新兴产业的发展水平，发挥示范引领作用，本书提出以下建议：

（1）建立健全公共投入、项目支撑、组织协调机制

为了稳固财政投资增长的基础，需要对现有政策资源进行合理调

配，以提高公共财政对战略性新兴产业的投资效率。设立国家专项资金，用于推动重大关键技术的研究与开发、创新成果的产业化进程、产业创新发展项目的实施、应用示范工程的开展以及创新能力的建设。同时，对现有省级财政支持企业发展的资金进行整合，形成与财政增长相匹配的省级战略性新兴产业发展专项资金。进一步改进管理方式、创新扶持方式，通过政府资金的引导，激发社会资本对战略性新兴产业的投资热情，发挥其引领和杠杆作用。根据战略性新兴产业的特征和税制改革的方向及税种特点，持续完善并落实税收扶持政策，以更好地促进战略性新兴产业的健康、可持续发展。

（2）加强对示范工程、重大工程和产业园区等重大项目的支撑

建立省级战略性新兴产业重大项目储备库，是落实国家战略性新兴产业规划中关于战略性新兴产业发展的战略布局、推动产业规模化发展的必要举措。为此，必须持续推进一批关键性、引领性的重大项目建设，为产业发展提供坚实支撑。同时，还需积极谋划并储备一批具备显著增长潜力的重大项目，形成后备力量。为确保重大项目的顺利推进，必须加快建立产业项目建设协调机制，及时研究并有效解决在规划、土地、融资、环评等环节遇到的重大问题，为项目落地提供有力保障。

（3）整合区域经济资源，引导产业社会网络建设

依托示范项目、重大项目及工业园区的建设，推动战略性新兴产业集群的形成，整合区域经济资源，实施多元化经营的互动发展，并不断完善各类配套设施。持续优化区域创新环境，提升区域创新能力，最终促成战略性新兴产业集群的成熟发展。充分发挥高科技工业园区的集群效应，为入园企业在财政资金支持、税费减免、建设用地审批等方面提供优惠政策，以进一步推动集群的发展和壮大。

9.4.2 完善产业结构的政策建议

战略性新兴产业的发展目标通过市场机制、市场主体的自主行为来实现，由国家进行宏观引导。在产业结构方面的政策建议如下：

（1）完善投融资体系

金融支持对于战略性新兴产业的健康发展具有基础性意义。为了推动这些产业的发展，必须采取一系列措施。首先，扩大科技贷款的规模，同时建立起高效的高新技术风险贷款机制。积极推进金融创新，探索多样化的高科技信贷投入方式。在此基础上，设立高科技风险投资基金，并开发创新小额担保、知识产权质押、投融资组合等新型金融工具。其次，充分发挥市场机制的作用，扩大创业投资引导基金的规模，并大力发展天使投资、风险投资、联合投资等新型投融资方式。鼓励有条件的地区和企业发行企业债券和中小企业集体债券，以加快市场资金的投入，促进新兴产业的发展。最后，引导社会资本在中前期投资创新创业企业和战略性新兴产业，并支持符合条件的科技型企业上市融资。通过多层次资本市场和股权交易市场的建设，继续拓展多元化的直接融资渠道，以满足各类创新创业企业的需求，助力推动战略性新兴产业的持续、健康、快速发展。

（2）加快关键环节体制机制创新

完善相关新兴产业的市场开放机制，实现各类企业、高校、科研院所的对接和融合，调整民间投资准入机制，优化地方各级政府的服务，鼓励各类企业投资新兴产业。按照战略性新兴产业的细分领域，规划发展新兴产业的专业园区和产业集群。支持大型骨干企业作为龙头，起带头作用，高校、科研院所等提供知识支持，联合新兴产业中的中小企业，探索产学研深度结合的有效模式和长效机制，形成新兴产业技术创新链。要加强对接人才政策和产业政策，不断完善包括股权激励在内的多种形式的激励机制，鼓励创业和技术创新，培育一批高素质的人才。

（3）规范完善政府采购制度

为了加快发展步伐，政府采购制度可以间接为企业自主创新提供资金支持。政府通过资金支持和政策引导，可以充分发挥政府采购制度在促进国内企业自主创新中的作用，鼓励企业加大对主导技术研发的投入。另外，采用政府招标投标、预算控制等方式，能够引导和鼓励政府部门和企事业单位投入资金采购本地高新技术设备和产品。

9.4.3 促进技术进步的政策建议

（1）健全知识产权保护制度

战略性新兴产业具备投资风险高、技术创新要素密集、国际化程度高且国际竞争激烈、对知识产权的依赖性强和保护要求高等特性。对于这一产业的培育成效与未来发展，战略性新兴产业知识产权保护工作起到了不可或缺的作用。2012年4月28日，国务院办公厅转发了国家知识产权局等部门发布的《关于加强战略性新兴产业知识产权工作的若干意见》的通知，对发明专利数量和国际专利申请量提出了要求。该意见提出，到2015年，战略性新兴产业的这两项指标将比2010年增长2倍。努力开发一批具有布局合理、结构优化、产业竞争力强的核心技术专利，目的是在部分行业形成区域特色。战略性新兴产业领域的国际标准制定影响力显著增强。到2020年，战略性新兴产业发展将得到知识产权的有力支撑，继而会涌现出一批具有较强国际竞争力和影响力、较强产业影响力和技术创新优势的新兴企业。主要措施有：

一是完善知识产权保护相关的法律法规和行业政策，以此加强战略性新兴产业的技术保护。二是拓宽不同的知识产权投融资渠道。完善知识产权投融资政策，知识产权质押、投融资和融资担保应得到支持。三是完善并创新知识产权转化形式。将国家科技成果转化用于引导基金，鼓励社会资本促进知识产权转化，鼓励知识产权转移储备和转化的风险补偿。四是实施新兴产业的产业园区和产业集群知识产权管理。在战略性新兴产业园区和集聚区，探索建立以龙头企业为主导、知识技术相关企业为主体、知识产权布局与产业链相匹配的知识产权集群管理模式。

（2）促进和加强自主创新成果产业化

培养新兴产业的技术创新和创新成果转化能力，加快构建以新兴产业的企业为主体、以省级以上中心为主要形式的工程（技术）研究中心、工程实验室、（企业）重点实验室等产业技术开发体系。大力完善成果发布机制来推进自主创新成果转化，鼓励提供智力支撑的高校、科研院所等向企业转让科技成果，鼓励各界科技人员开展自主创新活动。建立健全中介服务体系，大力发展高新技术服务业，包括研发、信息、创业、技术交易、知识产权、科技成果转化等服务。

(3) 制定和完善创新人才激励政策

各级地方政府应积极与科研院所、高校及企业等智力支持单位建立紧密的合作关系，利用财政补贴等手段，吸引并引进国内外顶尖的科学技术人才和科研生产一线人才。为了推动我国战略性新兴产业的持续发展，需打造一流的科研机构、高校和创新型企业的核心团队，以提供坚实的人力资本支撑。同时，选拔具备战略眼光和科技能力的领导班子，以发挥其在新兴产业企业发展中的关键指挥和协调作用。针对战略性新兴产业的发展需求，紧密结合科研机构和高校的研究方向，以投资为主导，积极鼓励新学科的设立，促进国际交流与合作，并采取多种方式引进和培养人才。

参考文献

[1] ADHIKARI K P, GOLDEY P. Social capital and its "Downside": the impact on sustainability of induced community-based organizations in Nepal [J]. World Development, 2010, 38 (2): 184-194.

[2] AFUAH A, TUCCI C L. A model of the internet as creative destroyer [J]. IEEE Transactions on Engineering Management, 2003, 50 (4): 395-402.

[3] AHUJA G. Collaboration networks, structural holes, and innovation: a longitudinal study [J]. Administrative Science Quarterly, 2000, 45 (3): 425-455.

[4] ASTLEY W G, SACHDEVA P S. Structural sources of intraorganizational power: a theoretical synthesis [J]. Academy of Management Review, 1984, 9 (1): 104-113.

[5] BAUM J A C, CALABRESE T, SILVERMAN B S. Don't go it alone: alliance network composition and startups' performance in Canadian biotechnology [J]. Strategic Management Journal, 2000, 21 (3): 267-294.

[6] BORGATTI S P, EVERETT M G. Models of core/periphery structures [J]. Social Networks, 2000, 21 (4): 375-395.

[7] BROMILEY P. Testing a causal model of corporate risk taking and performance [J]. Academy of Management Journal, 1991, 34 (1): 37-59.

[8] BURT, R. S. Structural Holes: the Social Structure of Competition

[M]. Cambridge: Harvard University Press, 1992: 7-91.

[9] CASPER S, MURRAY F. Careers and clusters: analyzing the career network dynamic of biotechnology clusters [J]. Journal of Engineering & Technology Management, 2005, 22 (1-2): 51-74.

[10] CHESBROUGH H, ROSENBLOOM R S. The role of the business model in capturing value from innovation: evidence from Xerox Corporation' technology spin-off companies [J]. Industrialand Corporate Change, 2002, 11 (3): 529-555.

[11] CHESBROUGH H. Business model innovation: opportunities and barriers [J]. Long Range Planning, 2010, 43 (2): 354-363.

[12] COLES A M, HARRIS L, DICKSON K. Testing goodwill: conflict and cooperation in new product development networks [J]. International Journal of Technology Management, 2003, 25 (1): 51-60.

[13] CUNNINGHAM N J. Industrial innovation [J]. Business History, 1960, 2 (2): 97-100.

[14] CURRIE W L. Value creation from the application service provider e-business model: the experience of four firms [J]. Journal of Enterprise Information Management, 2004, 17 (2): 117-128.

[15] DE LANGE D, AGNEESSENS F, WAEGE H. Asking social network questions: a quality assessment of different measures [J]. Metodoloski Zvezki, 2004, 1 (2): 351-378.

[16] DEBRESSON C, AMESSE F. Networks of innovators: a review and introduction to the issue [J]. Research Policy, 1991, 20 (5): 363-379.

[17] DELMAR F, DAVIDSSON P, GARTNER W B. Arriving at the high-growth firm [J]. Journal of Business Venturing, 2003, 18 (2): 189-216.

[18] DRUCKER P F. The theory of the business [J]. Harvard Business Review, 1994, 72 (5): 95-104.

[19] DUBOSSON-TORBAY M, OSTERWALDER A, PIGNEUR Y. E-business model design, classification, and measurements [J]. Thunderbird International Business Review, 2002, 44 (1): 5-23.

[20] EINSPRUCH E M. Quality function deployment (QFD): application to rehabilitation services [J]. International Journal of Health Care Quality Assurance, 1996, 9 (3): 41-46.

[21] EISENHARDT K M, SCHOONHOVEN C B. Resource-based view of

strategic alliance formation: strategic and social effects in entrepreneurial firms [J]. Organization Science, 1996, 7 (2): 13-20.

[22] ELG U, JOHANSSON U. Decision making in inter-firm networks as a political process [J]. Organization Studies, 1997, 18 (3): 361-384.

[23] FREEMAN C. The Economics of Industrial Innovation [M]. Harmondsworth: Penguin, 1974.

[24] FRENKEN K. A complexity approach to innovation networks: the case of the aircraft industry (1909—1997) [J]. Research Policy, 2000, 29 (2): 257-272.

[25] FROHLICH M T, WESTBROOK R. Arcs of integration: an international study of supply chain strategies [J]. Journal of Operations Management, 2001, 19 (2): 185-200.

[26] GEMSER G, MARK A A M, LEENDERS, et al. The dynamics of inter-firm networks in the course of the industry life cycle: the role of appropriability [J]. Technology Analysis & Strategic Management, 1996, 8 (4): 439-454.

[27] GILSING V, NOOTEBOOM B. Density and strength of ties in innovation networks: an analysis of multimedia and biotechnology [J]. European Management Review, 2005, 2 (3): 179-197.

[28] GIOVANNA P. Enhancing the innovation performance of firm by balancing cohesiveness and bridging ties [J]. Long Range Planning, 2008, 41 (1): 395-419.

[29] GNYAWALI D R, MADHAVAN R. Cooperative networks and competitive dynamics: a structural embeddedness perspective [J]. Academy of Management Review, 2001 (1): 431-445.

[30] GRANDORI A. Governance structures, coordination mechanisms and cognitive models [J]. Journal of Management & Governance, 1997, 1 (1): 29-47.

[31] GRANDORI A. An organizational assessment of interfirm coordination modes [J]. Organization Studies, 1997, 18 (6): 897-925.

[32] GRANOVETTER M. Economic action and social structure: the problem of embeddedness [J]. American Journal of Sociology, 1985, 91 (3): 481-510.

[33] GRANOVETTER M. The strength of weak ties [J]. American Journal of Sociology, 1973 (5): 1360-1380.

[34] GROTZ R, BRAUN B. Territorial or trans-territorial networking: spatial aspects of technology-oriented cooperation within the German mechanical engineering industry [J]. Regional Studies, 1997, 31 (6): 545–557.

[35] GULATI R, NOHRIA N, ZAHEER A. Guest editors' introduction to the special issue: strategic networks [J]. Strategic Management Journal, 2000, 21 (3): 199–201.

[36] HAGEDOORN J, DUYSTERS G. External sources of innovative capabilities: the preferences for strategic alliances or mergers and acquisitions [J]. Journal of Management Studies, 2002, 39 (2): 167–188.

[37] HANSEN M T. The search-transfer problem: the role of weak ties in sharing knowledge across organization subunits [J]. Administrative Science Quarterly, 1999, 44 (1): 82–111.

[38] HELFAT C E, EISENHARDT K M. Inter-temporal economies of scope, organizational modularity, and the dynamics of diversification [J]. Strategic Management Journal, 2004, 25 (13): 1217–1232.

[39] HIRSCHMAN A O. Exit, voice, and loyalty: responses to decline in firms, organizations, and states [M]. Cambridge, Mass.: Harvard University Press, 1970.

[40] HOROWITZ A, MENICE C B, LAPORTE R, et al. Mechanisms of smooth muscle contraction [J]. Physiological Reviews, 1996, 76 (4): 967–1003.

[41] HUGHES J, LANG K R, VRAGOV R. An analytical framework for evaluating peer-to-peer business models [J]. Electronic Commerce Research and Applications, 2008, 7 (1): 105–118.

[42] IMAI K, BABA Y. Systemic innovation and cross-border networks: transcending markets and hierarchies to create a new techno-economic system [J]. Technology and Productivity: the Challenge for Economic policy, 1991.

[43] JACQUIER-ROUX V, BOURGEOIS B. New networks of technological creation in energy industries: reassessment of the roles of equipment suppliers and operators [J]. Technology Analysis & Strategic Management, 2002, 14 (4): 399–417.

[44] JOHNE A, STOREY C. New service development: a review of the literature and annotated bibliography [J]. European Journal of Marketing, 1998, 32 (3/4): 184–251.

[45] KAUFMANN A, TÖDTLING F. Science - industry interaction in the process of innovation: the importance of boundary - crossing between systems [J]. Research Policy, 2001, 30 (5): 791–804.

[46] KNECHT A K, BRONNER-FRASER M. Induction of the neural crest: a multigene process [J]. Nature Reviews Genetics, 2002, 3 (6): 453–461.

[47] KNIGHTS D, MURRAY F, WILLMOTT H. Networking as knowledge work: a study of strategic interorganizational development in the financial services industry [J]. Journal of Management Studies, 1993, 30 (6): 975–995.

[48] KONCZAL E F. Models are for managers, not mathematicians [J]. Journal of Systems Management, 1975, 26 (1), 12–14.

[49] KRAATZ M S. Learning by association? interorganizational networks and adaptation to environmental change [J]. Academy of Management Journal, 1998 (1): 621–643.

[50] LARSON A. Network dyads in entrepreneurial settings: a study of the governance of exchange relationships [J]. Administrative Science Quarterly, 1992, 37 (1): 76–104.

[51] LAURSEN K, MASCIARELLI F, PRENCIPE A. Regions matter: how localized social capital affects innovation and external knowledge acquisition [J]. Organization Science, 2012 (23): 177–193.

[52] LI H, ZHANG Y. The role of managers ' political networking and functional experience in new venture performance: evidence from China's transition economy [J]. Strategic Management Journl, 2007, 28 (8): 791–804.

[53] LIEBESKIND J P. Knowledge, strategy and the theory of the firm [J]. Knowledge and Strategy, 1996 (1): 197–220.

[54] LINDER J C, CANTRELL S. Five business - model myths that hold companies back [J]. Strategy & Leadership, 2001, 29 (6): 13–18.

[55] LMEIDA P, KOGUT B. Localization of knowledge and the mobility of engineers in regional networks [J]. Management Science, 1999, 45 (7): 905–917.

[56] MACINNES I, HU L. Business models and operational issues in the Chinese online game industry [J]. Telematics and Informatics, 2007, 24 (2): 130–144.

[57] MADHAVAN R, KOKA B R, PRESCOTT J E. Networks in transition: how industry events (re) shape interfirm relationships [J]. Strategic Management Journal, 1998, 19 (5): 439-459.

[58] MAGRETTA J. Why business models matter [J]. Harvard Business Review, 2002, 80 (5): 86-93.

[59] MÄKINEN S, SEPPÄNEN M. Assessing business model concepts with taxonomical research criteria: a preliminary study [J]. Management Research News, 2007, 30 (10): 735-748.

[60] MARTIN S. R & D joint ventures and tacit product market collusion [J]. European Journal of Political Economy, 1996, 11 (4): 733-741.

[61] MARTINEZ J, JARILLO J C. The evolution of research on coordination mechanisms in multinational corporations [J]. Journal of International Business Studies, 1989, 20 (3): 489-514.

[62] MINER A S, AMBURGEY T L, Stearns T M. Interorganizational linkages and population dynamics: buffering and transformational shields [J]. Administrative Science Quarterly, 1990, 35 (4): 6.

[63] MORRIS M, SCHINDEHUTTE M, ALLEN J. The entrepreneur's business model: toward a unified perspective [J]. Journal of Business Research, 2005, 58 (6): 726-735.

[64] MORRIS W, STEINHOFF M C, RUSSELL P K. Potential of polymer microencapsulation technology for vaccine innovation [J]. Vaccine, 1994, 12 (1): 5-11.

[65] MUMFORD M D, GUSTAFSON S B. Creativity syndrome: integration, application, and innovation [J]. Psychological Bulletin, 1988, 103 (1): 27-30.

[66] NEWELL S, CLARK P. The importance of extra-organizational networks in the diffusion and appropriation of new technologies: the role of professional associations in the United States and Britain [J]. Science Communication, 1990, 12 (2): 199-212.

[67] NIEUWENHUIS L F M. Innovation and learning in agriculture [J]. Journal of European Industrial Training, 2002, 26 (6): 283-291.

[68] NOHRIA N, GULATI R. Is slack good or bad for innovation? [J]. Academy of Management Journal, 1996, 39 (5): 1245-1264.

[69] NOOTEBOOM B, DE JONG G, Vossen R W, et al. Network interactions and mutual dependence: a test in the car industry [J].

Industry and Innovation, 2000, 7 (1): 117-144.

[70] NORMANN R, RAMIREZ R. From value chain to value constellation: designing interactive strategy [J]. Harvard Business Review, 1993 (71): 65-65.

[71] OLIVER A L, LIEBESKIND J P. Three levels of networking for sourcing intellectual capital in biotechnology: implications for studying interorganizational networks [J]. International Studies of Management & Organization, 1997, 27 (4): 76-103.

[72] OSTERWALDER A, PIGNEUR Y, Tucci C L. Clarifying business models: Origins, present, and future of the concept [J]. Communications of the Association for Information Systems, 2005, 16 (1): 1-25.

[73] OWEN-SMITH J, POWELL W W. The expanding role of university patenting in the life sciences: assessing the importance of experience and connectivity [J]. Research Policy, 2003, 32 (9): 1695-1711.

[74] OWEN-SMITH J, POWELL W W. Knowledge networks as channels and conduits: the effects of spillovers in the Boston Biotechnology Community [J]. Organization Science, 2004 (15): 5-21.

[75] PARRINO R, POTESHMAN A M, Weisbach M S. Measuring investment distortions when risk-averse managers decide whether to undertake risky projects [J]. Financial Management, 2005, 34 (1): 21-60.

[76] PORTER M E. Strategy and the Internet [J]. Harvard Business Review, 2001, 79 (3): 62-79.

[77] PORTER M. E. The competitive advantage of nations [M]. New York: Free Press, 1990: 168-293.

[78] POWELL W W, Koput K W, Smith-Doerr L. Interorganizational collaboration and the locus of innovation: networks of learning in biotechnology [J]. Administrative Science Quarterly, 1996, 41 (1): 116-145.

[79] PRAHALAD C K, HART S L. The fortune at the bottom of the pyramid [J]. Strategy and Business, 2002 (1): 54-54.

[80] RAMALINGEGOWDA S, YU Y. Institutional ownership and conservatism [J]. Journal of Accounting & Economics, 2012, 53 (1-2): 98-114.

[81] RAYPORT J F, SVIOKLA J J. Exploiting the virtual value chain [J]. Harvard Business Review, 1995 (73): 75-75.

[82] RIORDAN M H, WILLIAMSON O E. Asset specificity and economic organization [J]. International Journal of Industrial Organization, 1985, 3 (4): 365-378.

[83] RITTER T, GEMÜNDEN H G. Network competence: its impact on innovation success and its antecedents [J]. Journal of Business Research, 2003, 56 (9): 745-755.

[84] ROMIJN H, ALBALADEJO M. Determinants of innovation capability in small electronics and software firms in southeast England [J]. Research Policy, 2002, 31 (7): 1053-1067.

[85] ROTHWELL R. Successful industrial innovation: critical factors for the 1990s [J]. R&D Management, 1992, 22 (3): 221-240.

[86] ROWLEY T, BEHRENS D, KRACKHARDT D. Redundant governance structures: an analysis of structural and relational embeddedness in the steel and semiconductor industries [J]. Strategic Management Journal, 2000, 21 (3): 369-386.

[87] RYCROFT R W, KASH D E. Self-organizing innovation networks: implications for globalization [J]. Technovation, 2004, 24 (3): 187-197.

[88] SCHILLING M A, PHELPS C C. Interfirm collaboration networks: the impact of large-scale network structure on firm innovation [J]. Management Science, 2007, 53 (7): 1113-1126.

[89] SCHUMPETER J, BACKHAUS U. The theory of economic development [J]. Joseph Alois Schumpeter, 2003, 61-116.

[90] SEMIH AKÇOMAK, WEEL B T. Social capital, innovation and growth: evidence from Europe [J]. European Economic Review, 2009, 53 (5): 544-567.

[91] SHAFER S M, SMITH H J, LINDER J C. The power of business models [J]. Business horizons, 2005, 48 (3): 199-207.

[92] SHAN W, WALKER G, KOGUT B. Interfirm cooperation and startup innovation in the biotechnology industry [J]. Strategic Management Journal, 1994, 15 (5): 387-394.

[93] SHAW G, LOCKE K. Using fiction to develop managerial judgment [J]. Journal of Management Education, 1993, 17 (3): 349-359.

[94] SHLEIFER A, VISHNY R W. Greenmail, white knights, and shareholders' interest [J]. Rand Journal of Economics, 1986, 17 (3): 293-309.

[95] SIMSEK Z, LUBATKIN M H, Floyd S W. Inter-firm networks and

entrepreneurial behavior: a structural embeddedness perspective [J]. Journal of Management, 2003, 29 (3): 427-442.

[96] SLYWOTSKY A J, MORRISON D J. the profit zone: how strategic business design will lead you to tomorrow's profit [M]. Wiley: Times Business, 1997.

[97] STAROPOLI C. Cooperation in R&D in the pharmaceutical industry—the network as an organizational innovation governing technological innovation [J]. Technovation, 1998, 18 (1): 13-23.

[98] STEWART D W, ZHAO Q. Internet marketing, business models, and public policy [J]. Journal of Public Policy & Marketing, 2000, 19 (3): 287-296.

[99] STREB J. Shaping the national system of inter - industry knowledge exchange: vertical integration, licensing and repeated knowledge transfer in the German plastics industry [J]. Research Policy, 2003, 32 (6): 1125-1140.

[100] SUBRAMANIAM M, YOUNDT M A. The influence of intellectual capital on the types of innovative capabilities [J]. Academy of Management Journal, 2005, 48 (3): 450-463.

[101] SUTTON R I, HARGADON A. Brainstorming groups in context: effectiveness in a product design firm [J]. Administrative Science Quarterly, 1996 (41): 685-718.

[102] SWAN J, NEWELL S, SCARBROUGH H, et al. Knowledge management and innovation: networks and networking [J]. Journal of Knowledge Management, 1999, 3 (4): 262-275.

[103] TEECE D J. Business models, business strategy and innovation [J]. Long Range Planning, 2010, 43 (2): 172-194.

[104] TIMMERS P. Business models for electronic markets [J]. Electronic Markets, 1998, 8 (2): 3-8.

[105] UZZI B. Embeddedness in the making of financial capital: how social relations and networks benefit firms seeking financing [J]. American Sociological Review, 1999, 64 (4): 481-505.

[106] UZZI B. Social structure and competition in interfirm networks: the paradox of embeddedness [J]. Administrative Science Quarterly, 1997 (1): 35-67.

[107] WALKER G, SHAN W. Social capital, structural holes and the formation

of an industry network [J]. Organization Science, 1997, 8 (2): 109-125.

[108] WEILL P, VITALE M. Place to space: migrating to eBusiness models [M]. Boston: Harvard Business Press, 2001.

[109] YAP C M, CHAI K H, LEMAIRE P. An empirical study on functional diversity and innovation in SMEs [J]. Creativity and Innovation Management, 2005, 14 (2): 176-190.

[110] ZAHEER A, BELL G G. Benefiting from network position: firm capabilities, structural holes, and performance [J]. Strategic Management Journal, 2005, 26 (9): 809-825.

[111] 边燕杰. 城市居民社会资本的来源及作用: 网络观点与调查发现 [J]. 中国社会科学, 2004 (3): 136-146; 208.

[112] 蔡宁, 杨闩柱. 论企业集群竞争优势基础的转变 [J]. 浙江大学学报: 人文社会科学版, 2003, 33 (6): 42-48.

[113] 陈旭升, 张明琦, 吴雪梅. 新兴产业创新网络并联模式多目标优化研究 [J]. 科技管理研究, 2015, 35 (5): 11-16.

[114] 陈运森, 谢德仁. 董事网络、独立董事治理与高管激励 [J]. 金融研究, 2012 (2): 168-182.

[115] 程书强. 机构投资者持股与上市公司会计盈余信息关系实证研究 [J]. 管理世界, 2006 (9): 129-136.

[116] 程愚, 谢雅萍. 商务模型与民营企业绩效 [J]. 中国工业经济, 2005 (6): 120-127.

[117] 董大勇, 刘海斌, 胡杨, 等. 股东联结网络影响股价联动关系吗? [J]. 管理工程学报, 2013, 27 (3): 20-26.

[118] 段海艳. 连锁董事关系网络对企业融资行为影响的实证研究 [J]. 软科学, 2009, 23 (12): 118-125.

[119] 范群林, 邵云飞, 唐小我, 等. 结构嵌入性对集群企业创新绩效影响的实证研究 [J]. 科学学研究, 2010 (12): 1892-1900.

[120] 高闯, 关鑫. 企业商业模式创新的实现方式与演进机理 [J]. 中国工业经济, 2006 (11): 83-90.

[121] 胡海青, 张宝建, 张道宏. 网络能力、网络位置与创业绩效 [J]. 管理工程学报, 2011, 25 (4): 67-74.

[122] 胡汉辉, 周海波. 战略性新兴产业发展陷阱: 表现、成因及预防 [J]. 科技进步与对策, 2014, 31 (3): 61-66.

[123] 胡晓娟, 黄永春. 后发企业进入战略性新兴产业的赶超路径与追赶绩

效——价值网络中心性与赶超时机的调节作用［J］．科学学与科学技术管理，2016，37（3）：97-105．
［124］胡晓鹏．网络型组织结构与模块化创新［J］．财经科学，2007（4）：85-86．
［125］黄培，陈俊芳．关于中国第三方物流服务提供商的研究：需求现状与变革［J］．生产力研究，2004（3）：150-152．
［126］孔东民，王江元．机构投资者竞争与公司业绩［J］．证券市场导报，2016，（3）：11-16；30．
［127］孔翰宁，张维迎，奥赫贝．商业模式-企业竞争优势的创新驱动力［M］．北京：机械工业出版社，2008．
［128］李海舰，聂辉华．论企业与市场的相互融合［J］．中国工业经济，2004（8）：26-35．
［129］李蕾，韩立岩．价值投资还是价值创造？——基于境内外机构投资者比较的经验研究［J］．经济学（季刊），2014，13（1）：351-372．
［130］李平，狄辉．产业价值链模块化重构的价值决定研究［J］．中国工业经济，2006（9）：71-77．
［131］李晓华，吕铁．战略性新兴产业的特征与政策导向研究［J］．宏观经济研究，2010（9）：20-26．
［132］李志刚，汤书昆，梁晓艳，等．产业集群网络结构与企业创新绩效关系研究［J］．科学学研究，2007，25（4）：777-782．
［133］刘华芳，杨建君．大股东参与度、战略共识与企业突破式创新的实证研究［J］．管理学报，2013，10（7）：1034-1040．
［134］刘军．整体网分析讲义：UCINET软件实用指南［M］．上海：格致出版社，2009．
［135］刘利．利益相关者利益要求的实证研究［J］．山西财经大学学报，2008（7）：61-68．
［136］罗进辉．机构投资者持股、现金股利政策与公司价值——来自2005—2010年中国上市公司的经验证据［J］．投资研究，2013，32（1）：56-74．
［137］罗珉，曾涛，周思伟．企业商业模式创新：基于租金理论的解释［J］．中国工业经济，2005（7）：75-83．
［138］罗珉．企业内部市场：理论，要素与变革趋势［J］．中国工业经济，2004（10）：59-68．
［139］罗珉．商业模式的理论框架述评［J］．当代经济管理，2009，31（11）：1-8．
［140］慕继丰，张炜，陈方丽．企业知识的性质与企业核心竞争力［J］．经济管

理，2002（20）：16-21.

[141] 彭灿. 突破性创新团队及其组建与管理研究 [J]. 科学学研究，2008（4）：832-837.

[142] 钱锡红，徐万里，杨永福. 企业网络位置、间接联系与创新绩效 [J]. 中国工业经济，2010（2）：78-88.

[143] 青木昌彦，安藤晴彦. 模块时代：新产业结构的本质 [M]. 上海：上海远东出版社，2003.

[144] 沈必扬，陈炜. 网络中心度，吸纳能力与中小企业创新绩效 [J]. 科技管理研究，2007（3）：100-102.

[145] 宋力，崔甜伟. 机构投资者网络位置、公司治理与财务报告质量 [J]. 财会通讯，2016（6）：96-100.

[146] 孙连才，王宗军. 基于动态能力理论的商业生态系统下企业商业模式指标评价体系 [J]. 管理世界，2011（5）：184-185.

[147] 唐松莲，袁春生. 监督或攫取：机构投资者治理角色的识别研究——来自中国资本市场的经验证据 [J]. 管理评论，2010，22（8）：19-29.

[148] 王琴. 基于价值网络重构的企业商业模式创新 [J]. 中国工业经济，2011（1）：79-88.

[149] 王晓明，谭杨，李仕明，等. 基于“要素-结构-功能”的企业商业模式研究 [J]. 管理学报，2010（7）：976-981.

[1501] 魏炜，朱武祥. 什么是商业模式？答案：利益相关者的交易结构 [J]. 深圳特区科技，2008（9）：72-83.

[151] 吴俊杰，王节祥，耿新. 企业家社会网络总是有助于提升创新绩效吗？[J]. 科学学研究，2015，33（12）：1883-1893.

[152] 邢红萍，卫平. 中国战略性新兴产业企业技术创新行为模式研究——基于全国七省市企业调查问卷 [J]. 经济学家，2013（4）：56-65.

[153] 徐宏玲，李双海. 价值链形态演变与模块化组织协调 [J]. 中国工业经济，2005（11）：81-88.

[154] 许小虎，项保华. 企业网络理论发展脉络与研究内容综述 [J]. 科研管理，2006（1）：114-120；126.

[155] 杨建君，盛锁. 股权结构对企业技术创新投入影响的实证研究 [J]. 科学学研究，2007（4）：787-792.

[156] 杨震宁，李东红，范黎波. 身陷“盘丝洞”：社会网络关系嵌入过度影响了创业过程吗？[J]. 管理世界，2013（12）：101-116.

[157] 姚小涛，席酉民. 社会网络理论及其在企业研究中的应用 [J]. 西安交通大学学报（社会科学版），2003（3）：22-27.

[158] 原磊. 国外商业模式理论研究评价 [J]. 外国经济与管理, 2007, 29 (10): 17-25.

[159] 原磊. 商业模式体系重构 [J]. 中国工业经济, 2007, 6 (70): 70-79.

[160] 张敬伟, 王迎军. 商业模式与战略关系辨析——兼论商业模式研究的意义 [J]. 外国经济与管理, 2011 (4): 10-18.

[161] 张敬伟, 王迎军. 竞争优势及其演化研究现状评估与未来展望 [J]. 外国经济与管理, 2010 (3): 1-10.

[162] 赵晶, 郭海. 公司实际控制权、社会资本控制链与制度环境 [J]. 管理世界, 2014, (9): 160-171.

[163] 朱福林, 陶秋燕. 中小企业成长的社会网络关系研究——以北京市科技型中小企业调研数据为例 [J]. 科学学研究, 2014, 32 (10): 1539-1545.

[164] 朱瑞博. 模块化抗产业集群内生性风险的机理分析 [J]. 中国工业经济, 2004, 33 (5): 54-60.

[165] 朱瑞博. 模块生产网络价值创新的整合架构研究 [J]. 中国工业经济, 2006 (1): 98-105.

[166] 祝继高, 王春飞. 大股东能有效控制管理层吗? ——基于国美电器控制权争夺的案例研究 [J]. 管理世界, 2012 (4): 138-152; 158.

索引